C. Voß

Orthographie und Lesen vereinigt von der ersten Schulwoche ab

Oder Darlegung einer Methode, welche den gesamten Sprachunterricht auf der ersten Stufe in seinen Zweigen naturgemäß vereinigt

C. Voß

Orthographie und Lesen vereinigt von der ersten Schulwoche ab
Oder Darlegung einer Methode, welche den gesamten Sprachunterricht auf der ersten Stufe in seinen Zweigen naturgemäß vereinigt

ISBN/EAN: 9783743467958

Hergestellt in Europa, USA, Kanada, Australien, Japan

Cover: Foto ©Paul-Georg Meister /pixelio.de

Manufactured and distributed by brebook publishing software (www.brebook.com)

C. Voß

Orthographie und Lesen vereinigt von der ersten Schulwoche ab

Orthographie und Lesen

vereinigt

von der ersten Schulwoche ab

oder

Darlegung einer Methode,

welche den gesammten Sprachunterricht auf der ersten Stufe in seinen Zweigen naturgemäß vereinigt;

zugleich eine

Anweisung

zum Gebrauche seiner „Fibel" und seines „Dictirstoffmagazines"

von

C. Voß,
Cantor in Baruth.

Leipzig,
Verlag von Gustav Gräbner.
1860.

Druck von B. G. Teubner in Leipzig.

Vorrede.

Wie jede Seite dieser Schrift zeigen dürfte, halte ich mich streng an die Sache und sage überall freimüthig und bestimmt meine Meinung, unbekümmert darum, ob ich etwa Altes loben und Neues tadeln müsse, unbekümmert auch darum, welche Personen etwa diese oder jene Meinung vertreten. Die Wahrheit geht mir über Alles und Jedes. So beanspruche ich denn auch für meine Methode eine vorurtheilsfreie, ernste Prüfung.

Was die Form anlangt, so dürften manche Leser meine Darstellung zu breit finden. Ich bekenne, nach reiflicher Ueberlegung so gehandelt zu haben. Der Kreis meiner Leser ist ein sehr gemischter. Dieser Umstand und um bei entschieden Neuem nicht fort und fort mich Mißverständnissen auszusetzen, habe ich gemeint, so thun zu müssen. Es hat mich auch theilweise dabei der herzliche Wunsch geleitet, die große Zahl der Landlehrer, welche der Schreiblesemethode abhold sind, durch eingehende Darstellung für einen Versuch mit ihr zu gewinnen.

Baruth, im Januar 1860.

Der Verfasser.

Inhaltsverzeichniß.

	Seite.
Einleitung	1
Der Sprachunterricht und seine Zweige im Allgemeinen.	
§ 1. Die Sprache, hörbare und sichtbare	1
§ 2. Beginn des deutschen Sprachunterrichtes im Allgemeinen	2
§ 3. Beginn des Leseunterrichtes	3
§ 4. Beginn des kalligraphischen Unterrichtes	6
§ 5. Beginn des orthographischen Unterrichtes	6
§ 6. Beginn des Unterrichtes in der Interpunctionslehre	9
§ 7. Beginn der Stylübungen	10
§ 8. Allgemeines über Methode und des Schülers Handbuch	11

I. Abtheilung.
Der Unterricht im elementaren Lesen.

1. **Abschnitt. Kurze Lautlehre.**
   - § 1. Die Laute 17
   - § 2. Die Consonanten 18
   - § 3. Die einfachen Vocale 20
   - § 4. Die sogenannte Schärfung 22
   - § 5. Die Doppelselbstlaute 22

2. **Abschnitt. Das Lesen und der Lesestoff.**
   - § 1. Was ist Lesen? 24
   - § 2. Einleitung des Leseunterrichtes und -Stoffes ... 29
   - § 3. Lesekraft 30
   - § 4. Fortsetzung 33
   - § 5. Die wachsende Lesekraft 36
   - § 6. Der elementare Lesestoff 38
   - § 7. Prüfstein des Leseunterrichtes ... 40
   - § 8. Die 3 Arten Leseschwierigkeiten .. 41
   - § 9. Die Silbentrennung in einfachen Wörtern ... 41
   - § 10. Die Silbenabtheilung in zusammengesetzten Wörtern ... 43
   - § 11. Die Silbenbetonung in einfachen Wörtern ... 43
   - § 12. Die Silbenbetonung in zusammengesetzten Wörtern ... 44

Inhaltsverzeichniß.

3. Abschnitt. Leseschwierigkeiten, veranlaßt durch Methode und Bau der Fibel, nebst ihrer Beseitigung.

§ 1. Die Anzahl der Laute und Buchstaben 46
§ 2. Die 3 S, die beiden Ch und die Anlaute St, Sp . . . 48
§ 3. Ueber chs und qu 49
§ 4. Ueber e, das wie ä klingt 49
§ 5. Ueber ie 52
§ 6. Ueber ah, eh, oh, uh, äh, öh, üh, ih, ieh 54
§ 7. Ueber aa, ee, oo 55
§ 8. Ueber ph und th 55
§ 9. Ueber i und ie 56
§ 10. Ueber aa, ee und oo nochmals 57
§ 11. Ueber bb, dd, ff u. s. w. 57
§ 12. Ueber Dehnung und Schärfung 57
§ 13. Fortsetzung. Wie viele Vocale giebt es? 62
§ 14. Fortsetzung. Was helfen die Schärfungszeichen? . 66
§ 15. Schluß über Dehnung und Schärfung 70
§ 16. Das Lesen von Sätzen 72
§ 17. Rückblick und das Lesen nach Analogieen 73

4. Abschnitt. Einiges über die Lesemethoden.

§ 1. Buchstabiren und Lautiren 78
§ 2. Analytisch und synthetisch 79
§ 3. Schreiblesen 80

II. Abtheilung.
Der gesammte orthographische Unterricht.

1. Abschnitt. Beschaffenheit der deutschen Orthographie, besonders im Blick auf die Wortbilder außer dem Zusammenhange und mit Ignoriren der Großbuchstaben.

§ 1. Einleitung 85
§ 2. Die Laute und Buchstaben 86
§ 3. Fortsetzung 88
§ 4. Einzelne Schwierigkeiten in den Wortbildern . . . 91
§ 5. Fortsetzung. Einzelne Schwierigkeiten, welche aus dem Mangel besondrer Buchstaben für die geschärften Vocale herstammen 95
§ 6. Aneignung der Wortbilder 98
§ 7. Das Schreiben nach Analogieen 102
§ 8. Die Schreiblesefibeln 103
§ 9. Lesen und Schreiben; — elementares Lesebuch und Lernbuch zur Orthographie 106

2. Abschnitt. Das Bild des Wortes im Vereine mit andern, und der Großbuchstabe am Substantiv.

§ 1. Das Bild des Substantivi 109

Inhaltsverzeichniß.

	Seite
§ 2. Das Wortbild des Compositi	112
§ 3. Das anredende Fürwort und die Titulaturen in Briefen. — Der Großbuchstabe am Anfange der Zeilen in Gedichten	113
§ 4. Der Großbuchstabe am Anfange der Sätze	113
§ 5. Die Interpunction	114
§ 6. Rückblick auf den 2. Abschnitt	115

3. Abschnitt. Die gleichklingenden Wörter und ihre verschiedenen Bilder.

§ 1. Unterscheidung durch den Groß- oder Kleinbuchstaben	115
§ 2. Unterscheidung durch gedehnten oder geschärften Vocal	115
§ 3. Rückblick	116

4. Abschnitt. Methoden des orthographischen Unterrichtes und die betreffenden Lehrbücher.

§ 1. Die Methoden	117
§ 2. Die Lehrbücher der Orthographie	118
§ 3. Regeln der deutschen Orthographie	119

III. Abtheilung.

§ 1. Die Denk- und Sprechübungen	125
§ 2. Der erste Schulunterricht in der hörbaren Sprache	126
§ 3. Grammatische Kenntnisse	126
§ 4. Mein praktisches Lehrverfahren	127
§ 5. Der kalligraphische Unterricht	128

Einleitung.

Einleitung.

Der Sprachunterricht und seine Zweige im Allgemeinen.

§ 1. Die Sprache, hörbare und sichtbare.

Die Sprache tritt uns in zwei Gestalten entgegen, hörbar und sichtbar. Die Aneignung der ursprünglichen, der hörbaren, beginnt im elterlichen Hause in allerfrühester Kindheit; die Schule baut weiter. Das Ziel ist vollkommenes Verstehen und Gebrauchen der hörbaren Sprache in der Art, wie die Gebildeten des Volkes sie sprechen, in Deutschland also die correcte, hochdeutsche Mundart. Die künftige Lebenssphäre des Schülers wird im Allgemeinen den Grad des Beherrschens zu bestimmen haben, wie sie den Denkkreis begrenzt (Volksschule — Universität). Daß der Grad des Beherrschens der Sprache in demjenigen der größern oder geringern Klarheit über das Mitzutheilende wurzelt, ist selbstverständlich; andererseits gehört auch Uebung dazu.

In der sichtbaren, der Schriftsprache, beginnt der Unterricht der Regel nach erst in der Schule. Dem Verstehen der hörbaren Sprache entspricht in der sichtbaren das Aufnehmen der Gedanken [*] Anderer im Lesen (Empfangen); dem hörbaren Sprechen das schriftliche Darstellen fremder und eigner Gedanken (Geben). Das Ziel des Schriftsprachunterrichts ist also a) die Lesefertigkeit, b) das Beherrschen der Schriftsprache zu freiem Gebrauch in der Art, wie sie unter den Gebildeten des Volkes angewendet wird. Auch in letzter Beziehung für seine Lebensstellung Herr der Sprache zu sein, ist in unsrer Zeit unabweisbares Bedürfniß, während die Anforderung, es soll Jeder lesen können, im Blick auf das kirchliche, bürgerliche und staatliche Leben seit lange unangefochten dasteht.

Wer der hörbaren Sprache mächtig ist, hat zur Aneignung der Schriftsprache 1) das Lesen zu lernen, 2) sich das in seiner Zeit allgemein übliche Bild für jedes Wort fest einzuprägen (Orthographie), 3) die

---

[*] Das Wort Gedanke ist hier ganz allgemein zu fassen.

Interpunction zu lernen und 4) sich eine schöne und dabei geläufige Handschrift zu erwerben (Kalligraphie).

Mittel zur Erlernung der hörbaren Sprache sind: 1 a) jeder Umgang mit Menschen, welche der Sprache Herr sind, 1 b) das Lesen von Büchern (geistiger Umgang) und 2) ein guter Sprachunterricht. Somit sind alle Schulstunden auch Unterricht in der hörbaren Sprache. Es ist ferner auch die Forderung, das Erwerben der Lesefertigkeit möglichst bald anzustreben, gerechtfertigt, da man so dem Schüler einen neuen Sprachlehrer, das Buch, zuführt. Und das thut überall, namentlich auf dem Lande, sehr noth. Andere Gründe für diese Forderung müssen hier unerwähnt bleiben.

Entsprechend den Mitteln zur Erlernung der hörbaren Sprache kann man die zur Aneignung der Schriftsprache dahin bestimmen: 1) Umgang mit Schriftsprache, 2) ein guter, bezüglicher Unterricht. (Aller Unterricht wirkt bewußt, also stufenmäßig ein!) Im vorliegenden Buche soll vorzugsweise der Weg, sich die deutsche Schriftsprache anzueignen, einer Betrachtung unterstellt werden, und zwar von seinem Anfange ab.

§ 2. **Wann soll der deutsche Schriftspracheunterricht beginnen?**

Jeder Unterricht hat möglichst früh anzufangen, d. i. sobald er mit Erfolg ohne Stockungen fortgeführt werden kann. — Selbstverständlich ist, daß der Schriftspracheunterricht nicht bis zur vollständigen Aneignung der hörbaren Sprache in dem Umfange, als der Schüler sie in seinem spätern Lebenskreise etwa nöthig hat, auszusetzen ist, sondern daß vielmehr der fragliche Unterricht neben dem andern herlaufen könne, ja müsse. Er würde ja sonst gar nicht in die Schulzeit fallen. Dies erhellt auch schon einfach daraus, daß einmal das Buch auch ein Lehrer der hörbaren Sprache ist*), und dann, daß das Lesen auch ohne annähernde Beherrschung der hörbaren Sprache für jeden Schüler der Volksschule als Mitglied der kirchlichen Gemeinde an und für sich Werth hat und weil es ferner als Schlüssel zu allem Wissen neben dem der mündlichen Mittheilung dient. In welchem Schuljahre des einzelnen Kindes soll er aber beginnen? Wann kann er mit Erfolg empfangen werden? — Man hält allgemein das 5—6jährige Kind überhaupt zu geordneter, planmäßiger Unterweisung (Schulunterricht) befähigt. Die Landschulen, die Mehrzahl aller Volksschulen, beginnen jedes andre Lehrobject sofort nach Eintritt des jungen Kindes; doch in Bezug auf Schriftspracheunterricht ist es etwas anders. Oft genug ist von ebendaher und zwar von den tüchtigsten Lehrern die Frage gestellt, ob es nicht besser sei, mit dem Leseunterricht

---

*) Die Fortschritte des Schülers in der hörbaren und sichtbaren Sprache stehen in Wechselwirkung. — Der Unterricht in Letzterer bedingt sogar ein sicheres und correctes Gebrauchen der ersteren; giebt das Correctiv dazu.

noch ein halbes oder ganzes Jahr zu warten. Pädagogen von Ruf haben die Frage bejaht. Nicht durch Verneinung derselben durch Gründe, sondern durch andere zwingende Ursachen wird der Thatsachbestand erklärt, daß man dennoch sofort das Lesen beginnt. Was die andern Zweige des Unterrichtes in der Schriftsprache anlangt, so ist es noch nicht zu lange her, daß man mit allen oder dem einen und andern längere, selbst lange Zeit wartete. Ja noch heute ist es im Ganzen so, wenn auch einige Aenderung eintrat.

Nennen wir uns die einzelnen Zweige und prüfen dann jeden allein in Bezug auf die Anfangszeit!

Man wird in der Schriftsprache unterrichtet A) um die Gedanken Anderer empfangen, aufnehmen zu können, B) um fremde oder eigne Gedanken schriftlich wiedergeben zu können (reproduciren, produciren).

Zu A verhilft der Leseunterricht, zu B die Uebung im Wiedergeben, die Anfertigung von Aufsätzen; das Wort in allgemeinster, umfassendster Bedeutung genommen.

Das Wiedergeben setzt voraus: 1) den Unterricht im geläufigen Darstellen gutleserlicher Schriftzüge (Kalligraphie), 2) den in der Orthographie, 3) den in der Interpunction (Satzzeichensetzelehre). — Diese drei Zweige des Schriftsprachunterrichtes sind Diener, sind Mittel. Ob sie vollkommen beendet sein müssen, bevor der Aufsatz eintreten könne, wird sich später zeigen.

§ 3. Beginn des Leseunterrichtes.

Lückenlos mit Erfolg kann ein Lehrobject angegriffen werden, sobald es vom Anfange ab keine Voraussetzungen macht, welche bei dem bezüglichen Schüler nicht zutreffen und in seiner Fortsetzung nicht wieder solche oder andre, die sich nicht dabei leicht oder durch gleichzeitig vorgenommene Fächer anfinden.

Während der zweite Hauptzweig des Schriftsprachunterrichtes, das Wiedergeben, der Aufsatz, außer dem Beherrschen der hörbaren Sprache in gewissem Maße, auch Kalligraphie, Orthographie und Interpunction voraussetzt und, wie sich leicht versteht, diese drei Diener als Lehrobject in die ersten Schuljahre des Kindes vorschiebt, scheint es bei dem Leseunterrichte, welcher das Aufnehmen anstrebt, keine oder doch nicht hemmende Voraussetzungen zu geben. — Empfangen ist aller Orten leichter, als Produciren, also auch hier. Man kann lesen lernen, ohne den Inhalt des Gelesenen verstehen zu müssen; liest ja doch der deutsche fertige Leser ein lateinisches Buch mechanisch richtig, wenn er auch kein Wort Latein versteht (soweit die frembländischen Leseregeln nicht eine andre Aussprache bedingen). Der Leseunterricht setzt nicht unabweisbar die Bekanntschaft mit der hörbaren Sprache ganz oder in gewissem Maaße voraus, wie der Aufsatz. Im elementaren Leseunterrichte heißt es nur, die Kunst erlernen, für die sichtbaren Lautzeichen die bezüglichen Laute schnell zu Silben, Wörtern, Sätzen ordnungsmäßig im Geiste setzen und hörbar machen. Die Kenntniß der hörbaren Sprache wird nicht vorausgesetzt, sie wird im Gegentheile dabei naturgemäß vermittelt, gelehrt. Das elementare Lesebuch wird, wie jedes folgende, der natürlichste Lehrmeister in der deutschen Sprache unter Vermittelung des Lehrers. Mittel zur Verständigung zwischen Lehrer und Schüler dabei braucht nicht nothwendig die hochdeutsche Sprache zu sein. Es ist überhaupt nur ein gemeinsames erforderlich. Der Taubstummenlehrer verständigt sich mit seinem Schüler durch äußerliche Zeichen; der Lehrer eines Franzosen, welcher deutsch lernt, durch die französische, der deutsche Landschullehrer durch die plattdeutsche, welche sein Schüler kann. —

Was setzt der beginnende Leseunterricht voraus? Nichts Andres, als einen gesunden Menschengeist, ein gesundes Kindesauge und ein ebensolches Ohr. Die mindere oder größere Geübtheit des Auges und Ohres beim Eintritt des kleinen Schülers in den Leseunterricht wird freilich die Schnelligkeit im Fortschritt bedingen; es wird aber kein bestimmter und kein hoher Grad von Vorbildung beider Organe vorausgesetzt, so daß man sicher sagen darf, der Leseunterricht könne sofort in der ersten Schulwoche jedes Kindes beginnen. Es handelt sich in ihm um einfaches Anschauliches; er ist eine so stufenmäßig vom Einfachsten aufsteigende Einwirkung zur Bildung des Auges, Ohres, der Sprechorgane, des Gedächtnisses, zur Erlernung der hörbaren Sprache, zur Orientirung des Schülers in der ihn umgebenden Welt und darüber hinaus, daß kein andrer Unterricht ihm darin gleichkommt.

Liegt es im Wesen des Leseunterrichtes, daß er keine andern Voraussetzungen zu machen brauche, als ein verständiges Menschenauge und -Ohr, so liegt es im Wesen eines fünf- oder sechsjährigen Kindes, daß er keine andern machen dürfe.

Der Verfasser behauptet nun, daß unser bisheriges Lehrverfahren oder vielmehr die Beschaffenheit der vorhandenen elementaren Leselehrbücher (Fibeln) die Bekanntschaft mit der hörbaren hochdeutschen Sprache in einem unberechenbar hohen Grade voraussetze, gerade so wie die praktische Anwendung der bekannten alten orthographischen Regel: „Schreibe, wie du richtig sprichst." — Das, was ich behaupte, fühlten und fühlen alle Diejenigen, welche den Beginn des Leseunterrichts nicht mit dem Eintritt der Kinder in die Schule zusammenfallen lassen wollen. Der evidente Beweis fehlte. Dieses mein Buch will ihn in der „ersten Abtheilung" geben. Daß sich der geforderte Aufschub bei Landkindern um so dringlicher zeige, ist erklärlich, da sie viel mangelhafter sprachlich vorgebildet eintreten, als Stadtkinder, weil zu Hause plattdeutsch gesprochen wird, und da ferner ihre Ausbildung in der hochdeutschen Sprache aus demselben Grunde langsamer vorschreitet. Ist ja im Dorf der Lehrer meist der Einzige, von welchem der Schüler hochdeutsch reden hört. Plattdeutsch ist nur so weit

Vorbereitung für den Leseunterricht, als das Kind schon die Sprechwerkzeuge übte. Störend ist dabei bereits wieder das Einüben derjenigen Laute, welche dem Plattdeutsch ausschließlich angehören. — Habe ich aber Recht mit meiner Behauptung, die Beschaffenheit unsrer Fibeln setze die Bekanntschaft mit der hörbaren hochdeutschen Sprache in unbestimmbarem Maaße voraus, so ist der Besitz des Plattdeutschen selbst in etwaniger vollkommenster Beherrschung nur in soweit eine Vorbildung, als in welchem Grade überhaupt es den Geist bildete. —

Kann ich den Beweis führen für die Wahrheit meiner obigen Behauptung, so folgt, denke ich, daß die Methode im elementaren Leseunterricht noch nicht „zum Abschlusse gekommen" sei, denn jene Voraussetzung trifft bei keinem Kinde zu; ja selbst, wenn dies wäre, so würde das deshalb nöthig werdende Verfahren, welches den Schüler zum Errathen drängt, noch immer nicht den Anspruch auf den Namen einer guten Methode machen dürfen *). Eine Analogie hierzu findet sich nirgend! Eine gute Methode bedingt, daß der Leseschüler durchweg selbstthätig verfahren könne, und es thue, und die Fibel muß so eingerichtet sein, daß sie ganz und gar nichts außer dem gesunden Auge und Ohr und Sprechwerkzeugen voraussetze, sodaß auch der Fremdländer richtig deutsch lesen lernen könne. — Jene aber, welche verlangen, den Anfang des Leseunterrichts aufzuschieben, erkennen ausdrücklich die Kenntniß der hörbaren deutschen Sprache als Voraussetzung an, und wollen in der erbetenen Aufschubszeit das Nöthige beschaffen an Sprachreichthum, wie an allgemeiner geistiger Befähigung. Je tüchtiger in Sprache und überhaupt der Schüler ist, desto leichter überwindet er allerdings im großen Ganzen die vorhandenen Schwierigkeiten; aber darum bleibt die Methode dennoch wie sie ist, und die verlangte Aufschubzeit ist keine Abhülfe. Ueberdies ist die Forderung solchen Aufschubs wegen der bildenden Kraft des Leseunterrichtes nach allen Seiten hin, den keine andre Disciplin ersetzen kann, eine unzulässige und auch sonst eine, welcher vielhundertjährige Gewohnheit entgegen steht. Factisch ist der Aufschub allerdings in allen Schulen vorhanden, und nur der harte Kampf des rüstigen Lehrers kürzt und verdeckt ihn theilweise. Aber darum eben auch ist kein Lehrobject anstrengender, als das fragliche, darum erlahmt der junge Schulmann nirgend leichter, als in dem Leseunterrichte. Ist's nicht so? Sehnt man sich wirklich nicht nach Erleichterung? Warum jagt denn eine Fibel die andre; warum schreiben immer und immer wieder die tüchtigsten Pädagogen Anweisungen zum Leseunterrichte?

---

*) Hiermit meine ich auch die von der Regierung zu Potsdam als Thema für Lehrerconferenzen (80 Fr.!) gestellte Frage zu beantworten: weshalb manche ganz geweckte Kinder nicht lesen lernen.

§ 4. **Beginn des kalligraphischen Unterrichtes.**

Der kalligraphische Unterricht in der Volksschule hat die Schönheit der Schriftzüge, sowohl der einzelnen Buchstaben, als in Rücksicht auf ihre Stellung und ihr Verhältniß zu einander neben Geläufigkeit der Darstellung zum Ziele. — Beansprucht werden bei dem Unterrichte von Anfange ab und fernerweit nur das Auge und die Hand. Jede Fertigkeit wird rein durch Uebung erworben. Bei Fleiß wird jede folgende Production die vorhergehende an Güte übertreffen, und die erste Production, sei sie so schlecht sie wolle, ist also ein Gewinn für die nächsten. Somit ist kein Grund abzusehen, weshalb der fragliche Unterricht, der wohl unter allen der leichteste ist, nicht sofort nach Eintritt des Kindes in die Schule beginnen sollte; es spricht vielmehr Alles dafür, dies von der ersten Schulwoche ab geschehen zu lassen. Ein Grund ist: Das Kind bedarf eines geübten Auges zum Lese= und hernach zum Zeichen= und andern Unterrichte, und jeder Mensch bedarf im Leben eines solchen, wie auch einer möglichst kunstfertigen Hand; hier ist das allereinfachste Mittel, Beide zu bilden. — Ein andrer Grund dafür ist: Jeder, auch der stumpfste Mensch, hat Freude am Produciren. Hier ist sofort ein solches auch beim schwächsten Kinde. Somit gewinnt dieser Zweig des Schriftsprachenunterrichtes überhaupt den kleinen Anfänger für die Schule. Man braucht nicht Lehrer zu sein, um zu wissen, wie gern alle Kinder schreiben, wie gern schon zweijährige „malen;" wieviel lieber sie dies thun, als sich zum Reden bequemen. — Ein dritter Grund ist der: Die verschiedenen Abtheilungen der untersten Stadtschulklasse und die der einklassigen Landschule im Gegensatze zum Privatunterricht gestatten dem Lehrer nur abwechselnd das Verweilen bei der Abtheilung der Anfänger. Womit soll er grade sie besser oder überhaupt nur beschäftigen, wenn er fort muß, als mit dem Schreiben? — Ob oder in welchem Umfange die Schule eines abgesonderten kalligraphischen Unterrichtes bedürfe, gehört nicht hierher.

§ 5. **Beginn des orthograpischen Unterrichtes.**

Wie der orthographische Unterricht im Allgemeinen das Schreiben der üblichen Wortbilder lehrt, so liegen in ihm bei genauerer Betrachtung vor:

a) die Bilder der einzelnen Wörter mit Ausschluß der gleichklingenden und abgesehen von den Großbuchstaben am Anfange aller, bei denen sie sich finden (das Wort außer Zusammenhang betrachtet);

b) das Substantiv, die Veränderungen der Wortbilder nach ihrer Stellung im Compositum, im Satze und in der Rede in Bezug auf die Wahl der Groß= oder Kleinbuchstaben vorn. (Das Wort in Verbindung mit andern betrachtet.) — Hier ist der Zusammenhang der Orthographie mit der Interpunctionslehre! —

c) die vergleichende und unterscheidende Betrachtung der Bilder aller Wörter, welche bei verschiedenem Sinne in den einzelnen Sätzen eine etwas andre Gestalt haben, z. B. die Reisen, reisen, — der Schwank, er schwang sich, — man, der Mann, — wider, wieder, — das, daß, — eilen, das Eilen, — gut, das Gut, — jeder Mann, Jedermann, — zu fallen, zufallen. — (Die gleichklingenden Wörter.)

Einfach diese Uebersicht des Lehrstoffes zeigt, daß die völlige Erlernung der Rechtschreibung höhere Ansprüche an den Schüler mache, als der Leseunterricht, nach einer guten Methode betrieben, an ihn machen kann. Dies wird sofort im Blick auf b und c klar. Andrerseits scheint es mit Blick auf a unmöglich, daß der orthographische Unterricht ein besonderer sein könnte. Prüfen wir zunächst diesen Schein und sehen wir darnach, wie sich die Theile b und c zu a verhalten. — Der Leser sagt laut oder leise dasjenige Wort, an welches ihn das gedruckte oder geschriebene Wortbild mahnt. Der Schreiber stellt ebendasselbe Wortbild in Schriftzügen sichtbar dar. Lese- und orthographischer Unterricht haben das Einprägen der nämlichen einzelnen Wortbilder zum Ziele. Lese- und Schreibefertigkeit haben das Festhalten der Wortbilder zur Voraussetzung. Es scheint, als müsse der, welcher die Wortbilder im Lesen erlernt, sie auch schreiben können. Entschieden und entscheidend tritt hiergegen die bekannte Thatsache auf, daß gar viele Erwachsene ganz gut lesen können und trotz ihrer Kenntniß der einzelnen Schreibbuchstaben und der Darstellungsfertigkeit aus dem kalligraphischen Unterrichte her nicht bloß nicht annähernd richtig Zusammenhängendes, sondern überhaupt nicht einmal einzelne Wörter zu schreiben im Stande sind.

Wie kommt dies? Es liegt in der verschiedenen Wiedergabe der Wörter, hörbar mittels der Sprechwerkzeuge im Lesen, sichtbar mittels der Hand im Schreiben. Der Leser hat bei seiner Thätigkeit stets Wortbilder vor Augen, der Schreiber dagegen nichts. So findet sich zwischen Lesen und Schreiben fast ein Unterschied, wie zwischen Passivität und Activität; die Thätigkeit der Sprechorgane ist bald beim Leser eine fast unbewußte; wie das beim stillen Lesen besonders einleuchtet.

Ferner: Nicht bewußt aus den einzelnen Lauten das Wort zusammensetzend spricht unser Mund; aber bewußt und vergleichsweise langsam soll die Hand im Schreiben die Lautzeichen zum Wortbilde aneinanderreihen. Das setzt sichre Kenntniß der einzelnen Laute in richtiger Folge und, bei Beschaffenheit unsrer Orthographie, sichre Kenntniß der zu wählenden Buchstaben in schnellster Anwendung voraus, sofern das Wortbild vom Wortklange abweicht.*)

Was nützt dabei die Kunst, die einzelnen Buchstaben schreiben zu können? Es hilft auch nicht, daß unsre Schriftsprache aus Lautzeichen,

---

*) In wie hohem Maaße dies der Fall sei, darüber sagt z. B. Harnisch, sie sei eigentlich keine Rechtschreibung, lehre ein r für ein u machen ꝛc.

nicht aus selbstständigen Wortbildern besteht, wie die chinesische u. s. w. Der Schüler muß durch Dictirschreiben angespornt werden, genau auf die Einzelnheiten der einzelnen Wortbilder zu achten.

Ferner: Dem Kinde tritt in unsrer Zeit zumeist Druckschrift entgegen. So imprimiren sich die Wortbilder in dieser dem Geiste. Wer ein Wort schreiben will, muß es entweder bewußt aus den einzelnen Buchstaben zusammensetzen oder, — wie der fertige Schreiber, — das Bild desselben in Schreibschrift im Gedächtniß haben. (Man denke an das Aufschreiben auf ein Blättchen, wenn man bei einem Worte schwankt!) Letzteres ist nur durch vieles Schreiben zu erreichen. Beim Anfänger muß es durch Abschreiben angestrebt werden, daß gedrucktes und geschriebenes Wortbild eins werden, so sehr und so weit, daß er keinen Unterschied mehr sieht. Wenn sich bisher ergab, was zum Leseunterrichte noch hinzu kommen müsse, um den oben sub a bezeichneten Theil der Orthographie zu lehren, so ist damit Kalligraphie und Copiren in die ersten Schulwochen des Kindes als nothwendig gerückt, im Gegensatze zu dem Verfahren der Buchstabirzeit, und es scheint damit einem Theile des orthographischen Unterrichtes seine Anfangszeit bestimmt. Sehen wir uns hiernach die Theile b und c an. Ein Blick auf Beide zeigt, daß sie sich zu a nicht der Behandlungszeit nach wie ein zweiter und dritter Cursus zum ersten verhalten; sondern nur nach der Schwierigkeit. Zur Erlernung Beider gehört Verstand, wie ihn der kleine Leseschüler nicht hat und vielleicht noch Andres, was er nicht besitzt oder nicht leicht erwerben kann. Die unter b und c fallenden Wörter können nun aber nicht von denen unter a geschieden werden; ja alle unter b zu bringenden Wörter, — und das sind nicht weniger, als alle deutschen, — gehören auch unter a. Die unter c gemeinten finden sich in keiner Fibel und keinem andern Handbuche des Kindes abgesondert vor, und doch können sie so wenig, wie die unter b durchs Auge, Behufs richtiger Anwendung im Schreiben, durch Copiren neben Lesen erlernt werden. — Wollen wir aufrichtig sein, so müssen wir gestehen, daß die Behandlung fast alles dessen, was unter b und c gehört, jetzt rein dem Zufalle Preis gegeben ist, — überlassen der verschiedenen Tüchtigkeit der Lehrer in Gedächtniß, Zähigkeit, Fleiß, Methode. — Darum steht es aber auch mit dem Richtigschreiben in den Schulen im großen Ganzen, dem Aufsatz und der Qual des Lehrers und Schülers, wie es eben noch steht. Ist es auch in allem Genannten unendlich besser geworden, und darf auch Niemand uns die alte Zeit mit völlig abgesondertem, erst nach dem Absolviren des Lesens beginnenden orthographischen Unterrichte mit Grund als besser rühmen: so ist doch noch zu thun! Sind wir nicht auf halbem Wege stehn geblieben? Haben wir uns nicht mit der freilich unberechenbar segensreichen Erkenntniß, man lerne die Orthographie zumeist durchs Auge, begnügt, b und c aber dabei ignorirt? Haben wir nicht Lesen und Copiren als die einzig nöthigen Mittel ange=

nommen und **alles Dictirschreiben** in Verkennung seiner Bedeutung und Wirkung lange Zeit über Bord geworfen? Haben wir die **Lesemethode und Fibel** in das nöthige Verhältniß zur Orthographie gesetzt, um durch sie naturgemäß, also **leicht Beides**, — Lesen und Orthographie, — zu lehren?*) **Wie dies geschehen könne nach meiner Ansicht, zeigt die zweite und erste Abtheilung meines Buches!**

Hier aber ist im Blick auf die Frage, wann der orthographische Unterricht beginne könne, nur zu sagen: Im Leseunterrichte liegt stets und nach jeder Methode eine geringere oder größere Vorschule zum orthographischen Unterrichte, eine gute Lesemethode mit dem **erwähnten Begleiter Copiren** ist eine sehr bedeutende Vorschule; aber immer nur eine Vorschule. Was der Verfasser dagegen bieten zu können vermeint, sagt das Titelblatt! Es soll sich zeigen, daß ein **wirklicher** orthographischer Unterricht nicht bloß jeder Lautmethode zur Seite gehen könne, sondern **müsse im Rückblick auf Lesen und Orthographie**, obwohl es in der Legographologie von **Schulze** heißt, der Lese- und orthographische Lehrweg trennten sich allmählig in entgegengesetzter Richtung, sodaß der Schüler gleichsam mit jedem neuen Schritte, der ihn dem Ziele seiner Lesefertigkeit näher rückt, sich grade um so viel von dem Ziele seiner Rechtschreibefertigkeit entferne.

§ 6. Beginn des Unterrichtes in der Interpunctionslehre.

Die Interpunctionszeichen dienen dem Verständnisse des einzelnen Satzes und des Satzganzen. Sie zerfallen in zwei Gruppen. Die eine umfaßt diejenigen, welche den **Inhalt** des Satzes kennzeichnen, als Erzähl-, Befehl- (lebhafter Wunsch, Bitte, Ruf) und Fragesatz. (Punct, Ausrufungs- und Fragezeichen). Die andre Gruppe enthält die, welche in jeder Art der vorher genannten Sätze, insofern sie nicht mehr sogenannte nackte, einfache sind, den Satzbau kennzeichnen. Im Einzelnen: Trennung der Wörter, welche gleichartige Satzbilder im zusammengezogenen Satze sind und Trennung der einzelnen Sätze im zusammengesetzten. (Komma, Semikolon, — Komma, Semikolon, Kolon mit Anführungszeichen, Kolon ohne Anführungszeichen in zweifachem Gebrauch.) Zur ersten, wie zur zweiten Gruppe, zählen noch Parenthese und Gedankenstrich.

Wann kann und darf der Unterricht in der Interpunctionslehre beginnen? Wenn im Allgemeinen hier wie bei allem Unterrichte die Antwort lautet, sobald ihn der Schüler mit Nutzen empfangen könne, so ist damit eben hier wie aller Orten nichts entschieden. Daß ein abgesonderter nicht im ersten Schuljahre des Kindes gegeben werden könne und brauche, leuchtet aber ein. Daß es dann nicht geschehen könne, bewei-

---

*) Man sehe: „Anweisung zum Leseunterrichte ꝛc. von **Geltsch**", Seite 67, 68.

sen seine beim kleinen Schüler nicht zutreffenden Voraussetzungen. Daß er nicht so früh begonnen werden brauche, ergiebt das Folgende.

So lange der Schüler die Wortbilder nicht in den Dienst des Aufsatzes stellt, ist kein Bedürfniß der Kenntniß der Interpunctionslehre da. Andrerseits ist aber klar, daß, je früher Orthographie und Interpunction zur Verfügung stehen, um so früher der Aufsatz auftreten kann. Die Kenntniß der Interpunctionszeichen wird vermittelt, und ihre Bedeutung in der ersten Gruppe als Grund zu verschiedener Betonung und in der zweiten als Haltepunct tritt dem Kinde als Leseschüler nothwendig entgegen, wenn man zum Lesen von Sätzen übergeht. Dies kann nach Beschaffenheit der Fibeln sehr früh, ja von der ersten Lesestunde ab (Jacotot Seltsam) der Fall sein. Die Fibeln unsrer Zeit neigen alle dazu, möglichst früh von zusammenhanglosen Wörtern zum Satze zu gehen. Daß sich die Fibeln demnach etwas später in den Dienst der Interpunction, als in den der Orthographie stellen, leuchtet dennoch ein, wenn man auch nur an den so schwachen Schüler denkt. Ob dies Kennenlernen der Interpunction aus dem Leseunterrichte her genügt und zur wenigstens annähernd sichern Anwendung im Aufsatze befähigt? Eine Vorschule ist es jedenfalls und mit dem Blick auf die erste Gruppe vielleicht eine jeden eigentlichen Unterricht unnöthig machende, ob in Summa aber, oder ob man mit einem dunklen Fühlen sich begnügen dürfe, nach Art des „Naturalisirens" im Singeunterrichte (Raum. Gesch. d. Päd.), darüber kann gestritten werden.

Zur Zeit der Buchstabirschule blieb der Unterricht in der Interpunction bis zum Aufsatze ausgesetzt.

§ 7. Beginn des schriftlichen Darlegens fremder und eigner Gedanken.

Diejenigen Uebungen, welche angestellt werden, um den Schüler zum schriftlichen Ausdruck der Gedanken zu befähigen, nennt man Stylübungen. Die einzelnen schriftlichen Darstellungen werden Aufsätze genannt. Jeder Aufsatz setzt a) die mitzutheilenden Gedanken, b) einen gewissen Grad des Beherrschens der Schriftsprache, sofern sie darstellend (productiv) sich äußert, voraus.

Die erste Stufe in den Stylübungen ist die der Nachbildung, die höhere die der freien Darstellung. Als Anfang der niedrigsten Stufe wird man sich die Wiedergabe einzelner Sätze zu denken haben. Wer das nicht Aufsatz, sondern lieber Vorstufe nennen will, der mag es ja. Ich sagte, zu „denken" haben; denn ob man solche Uebungen wirklich vorausschicke oder nicht, das dürfte wohl von dem Zeitpuncte abhängig sein, mit welchem man überhaupt schriftliche Darstellungen auftreten läßt. Geschieht dies erst nach Ablauf der ersten Hälfte der Schuljahre, so wäre das Aufhalten dabei unnöthig, verwerflich. — Diese Vorstufe aber und natürlich noch in höherm Maaße der eigentliche Aufsatz können nimmermehr eher auftreten, als bis das Kind ziemlich fehlerfrei zu schreiben vermag. Ich meine, der Aufsatz dürfe nicht von orthographischen Fehlern starren; er würde dann ein sehr gutes Mittel sein, den Schüler durch Einschreiben unrichtiger Wortbilder vom Erlernen der Orthographie auf lange, vielleicht immer abzuhalten. Schon dieser Blick auf den orthographischen Unterricht genügt wohl, um darzuthun, daß die Stylübungen unter allen Zweigen des Schriftspracheunterrichtes zuletzt anzufangen seien, und es brauchen wohl erst nicht die schädlichen Folgen für die Stylübungen selber, die gräßliche Qual des Schülers und Lehrers besprochen werden. Auch das Anschreiben der schwierigsten Wörter ist immerhin noch keine genügende Aushülfe! Der Aufsatz kann und darf nicht dienen, um davon oder auch nur dabei Orthographie zu lernen; frühestens darf er auftreten, sobald der erste Theil des orthographischen Unterrichtes (siehe oben seine 3 Theile!) gründlich und die beiden andern leidlich erledigt sind. — „Das wird dann lange währen, ehe die Stylübungen beginnen dürfen; die deutsche Orthographie ist schwer; sie ist als Schulmeisterkreuz bekannt und verschrieen," — so höre ich gar viele und namentlich die Landlehrer sagen. Ja wohl ist die deutsche Orthographie ein schweres Schulmeister=, und man muß hinzufügen, „ein Schülerkreuz". — Und das behaupten nicht nur die einfachen Volksschullehrer; sondern die stimmfähigsten deutschen Pädagogen aller Zeiten. Der Verfasser glaubt nun das böse, böse „Kreuz" wenigstens um Späne leichter machen zu können, und so zum frühern Einführen des Aufsatzes zu helfen.

Schließlich erwähne ich erstens noch kurz, daß ich die besprochene „Vorstufe" zu den Stylübungen verwerfe und dem Ausdruck einzelner Gedanken, den einzelnen Sätzen, nur eine Berechtigung im orthographischen und elementaren Leseunterrichte zugestehe; an diesen Stellen aber sie fordre, wie auch an beiden Orten zusammenhanglose Wörter, und endlich, daß die Interpunction wohl am Aufsatze erlernt werden könne, sobald die Anwendung der ersten Gruppe der Zeichen im orthographischen Unterrichte genügend eingeprägt worden ist.

§ 8. **Allgemeines über Methode und des Schülers Handbuch.**

a) Eine gute Methode ergiebt sich nur aus dem klaren Erkennen des Zieles eines Lehrobjectes, der dabei als Mittel anzuwendenden Kräfte des Schülers mit Rücksicht auf ihren Stärkegrad im jedesmaligen Lebensalter, aus dem klaren Erkennen der zu übenden Thätigkeiten und aus dem klaren Erkennen des Zusammenhanges mit andern Unterrichtsgegenständen und seinem Verhältnisse zu ihnen als Factor zur ganzen Bildung. — b) Beim Masseunterrichte, wie ihn die öffentlichen Schulen zu ertheilen haben, genügt das noch nicht. Die Menge der gleichzeitig zu Unterrichtenden, ihre Verschiedenheit nach Anlagen und Vorbildung, die an den Lehrer nach seiner Bildung zu machenden Ansprüche beim Handhaben der Methode, die Anforderung des bürgerlichen Lebens, die der Kirche, die des Staates an die Leistungen des Objectes, die helfende oder passive Stellung des elterlichen Hauses zu ihm, beim Leseunterrichte stark activ! die hemmenden Uebelstände, als Schulversäumnisse u. dgl., verschieden bei den verschiedenen Arten der Schulen; dies Alles muß bei der Methode mitbestimmend sein, wenn auch nur in zweiter Linie. — Unter allen Gattungen von Unterrichtsanstalten ist in allem Genannten die Volksschule am schlechtesten daran, wie nicht bewiesen zu werden braucht.

Die Beschaffenheit der Lehrbücher in der Hand des Schülers nach Form und Stoff in Bezug auf alle Lehrobjecte, wie auf jedes einzelne, ihre Anzahl nach Fachwahl, steht mit allem Vorigen bei den verschiedenen Gattungen Unterrichtsanstalten in allseitiger, engster Beziehung. Auch hier wieder, in Rücksicht auf Anzahl und Bau der Lehrbücher nimmt die Volksschule die schwierigste Stellung unter allen Gattungen ein. Aus dem Gesagten folgt für eine gute Sprachunterrichtsmethode, die ihre Anwendung bei den jüngsten Kindern der Volksschule finden soll, sehr Wichtiges. Es soll darunter nur Einiges hervorgehoben werden. Warum grade dies, ergiebt sich von selbst. —

1) Im Blick auf den Schüler:

Sie darf vor allen Dingen nicht unzutreffende Voraussetzungen bei ihm machen. — Sie darf ferner nicht der Fassungskraft einzelner befähigter und durchs Haus allgemein gut vorgebildeter Schüler angepaßt sein in Beginn- und Fortgangszeit, stufenmäßigem Bau vom Anfange ab, im Anrufen von Kräften und Thätigkeiten des Lernenden. Im Gegensatze hiervon darf sie nur Voraussetzungen machen, welche bei jedem, auch dem unentwickeltsten Kinde zutreffen; sie muß vom Anfange ab der Fassungskraft des schwächsten, wenn nur vollsinnigen 6jährigen Kindes angepaßt sein und streng lückenlos vom Einfachen zum Zusammengesetzten, vom Leichten zum Schwereren vorgehen. — Sie kann im Anfange nur gebend und neben Auge und Ohr zuerst und zumeist das Gedächtniß beanspruchend, nicht entwickelnd, hervorlockend, verfahren. — Bei solchem Gebahren braucht sie keineswegs den tüchtigen Schüler aufzuhalten, wie das der umsichtige Lehrer fast in jedem Lehrobjecte zu vermeiden versteht. Hier aber stehen ganz besonders viele Mittel zu Gebote, jedem Kinde ein Theil zu geben. (Zergliedern, Aufbauen mündlich und schriftlich, Wort- und Sacherklärung!) — Weiter in Rücksicht auf die Beschaffenheit des jungen, eben eingetretenen Schülers muß sie durch Abwechslung in der Behandlung, durch Faßlichkeit des Lehrstoffes, durch baldige Anleitung zur Selbstthätigkeit in schaffender Weise, nach allen einzelnen Zweigen hin, auf die Kleinen aufmunternd, anziehend wirken, die Lernlust im fraglichen Gegenstande, wie im Allgemeinen die Schullust wecken, wo möglich steigern, jedenfalls erhalten.

2. **Im Blick auf den Lehrer:**

Die Methode muß nicht schwer erlernbar und ihre Handhabung möglichst wenig anstrengend sein. Erfolge, vom Anfange ab sichtbar, müssen ihn mit Lust und Muth von Stufe zu Stufe schreiten lassen, stets wohl berathen der Klasse gegenüber; wie dem Einzelnen darin, in Bezug auf Standpunct, nächstes, ferneres und Endziel, wie auf die nöthigen Nahrungs= und Schadenheilmittel auf allen Stufen. —. Das Buch, an welchem der Schüler lernt, muß dem schwachen Lehrer Halt und Trieb sein.

3. **Im Blick auf das elterliche Haus:**

Die Methode muß dem elterlichen Hause die Mitarbeit nicht unmöglich machen. Nehmen läßt es sich das Eingreifen in diesen Lehrgegenstand nimmermehr und in keinem Orte, und das von Rechtswegen! — Seine Hülfe muß des Lehrers Arbeit nicht verderben können. — Diese Mitarbeit muß eine vom Anfange ab und ferner der stete Begleiter sein können und zwar auch im Hause des schlichtesten Landmannes, jedes Vaters, der lesen kann. Besonders das Buch, an welchem der Schüler lernt, darf das nicht unmöglich machen nach seiner ganzen Beschaffenheit. Je leichter die Methode, je klarer und lückenloser verkörpert in dem genannten Buche, desto besser.*)

4. **Im Blick auf das Buch des Kindes:**

Die Mehrzahl der Volksschulen, — die auf dem Lande, — vermag für die Hand jedes Schülers nur wenige gedruckte Bücher zu beschaffen, Bibel, Gesangbuch, Katechismus und Fibel. Ein Lesebuch nach Letzterer ist schon fraglich hier und da; wird es aber immer weniger. Die drei erstgenannten Bücher dienen dem Höchsten, was die Schule anstreben kann. Sie, die heiligen, dürfen durch Benutzung zu andern Zwecken nicht profanirt werden. Und könnte man sich auch versichert halten, es fände in der That keine Profanation statt, so hätte man doch den Schein einer solchen in den Augen des Kindes zu meiden. — Dem Lesen, der Orthographie, und wenn nöthig auch den andern Sprachunterrichts= zweigen muß die Fibel und hernach das Lesebuch dienen, wie auch allen andern Lehrgegenständen, soweit daraus Lernstoff, — gedruckt in den Händen der Schüler, — mündlicher Uebermittelung vorzuziehen ist. Mit Blick auf die Sprachunterrichtszweige ergiebt sich daraus die Nothwendigkeit bezüglicher methodischer Anordnung in Fibel und Lesebuch, und — wenn möglich oder so viel als thunlich diese Anordnung bei Combination der Zweige. In Bezug auf andre Lehrobjecte ergiebt

---

*) Man wolle sich so das Vorkommen von sogenannten bedeutungslosen Silben am Anfange meiner Fibel erklären!

sich der Inhalt, wie vorher die Form. In der mehr oder minder glücklichen Auswahl des Nöthigen, mehr oder minder zweckmäßigen Unterordnung unter das durch sprachliche Zwecke Geforderte wird der Vorzug des einen Buches vor einem andern zu suchen sein. Unbedingt bleibt im Bau der Fibel, so weit sie dem elementaren Lesen dient, der **sprachliche Zweck** das **erste** und **oberste leitende Princip**.

# Erste Abtheilung.

Der elementare Leseunterricht allein.

Hauptgrundsatz: Der Leseschüler darf nicht auf die Bekanntschaft mit der hörbaren Sprache und somit auf das Errathen verwiesen werden.

I. Abschnitt.

Einiges aus der Lautlehre.
(Altes und Neues.)

§ 1. Die Laute.

Die Silben bestehen aus Lauten. Sie werden mittels der Sprachwerkzeuge hervorgebracht. Diese sind: 1) die Lunge, 2) die Luftröhre, 3) das obere Ende derselben, der Kehlkopf mit den beiden Stimmbändern und dem Kehldeckel, 4) der Nasenkanal, 5) der Mundkanal mit den Lippen, den Zähnen, der Zunge, dem Gaumen, dem Gaumensegel mit dem Zäpfchen bei dem Auslauf des getheilten Nasenkanals hinten im Munde.

Die Sprachlaute zerfallen in Selbstlaute (Vocale) und Mitlaute (Consonanten). Letztere werden erzeugt, indem die sonst beim Athmen geräuschlos aus der Lunge strömende Luft in der Mund- oder Nasenhöhle gehemmt wird. Bei den sogenanten Halbvocalen und einigen andern schwingen die Stimmbänder etwas mit. — Die Vocale werden erzeugt, indem die ausströmende Luft die Stimmbänder in Schwingung setzt. Die verschiedene Weite, Länge und Form des Mundkanales bedingt die einzelnen dieser Sprachklänge. — Beim Flüstern macht man nur die Mundstellungen zu den einzelnen Vocalen, und die Stimmbänder bleiben passiv.

In jeder Silbe ist ein Vocal, und zwar nur einer. Die zu einer Silbe sich vereinenden Laute werden mit einem einzigen Lufthauche hervorgebracht. Die Stellungen der einzelnen Sprachwerkzeuge in der Mundhöhle u. s. w. gehen bei den Lauten einer Silbe blitzschnell, ohne Absatz und unmerklich ineinander über. Wir beobachten dabei manche Sparsamkeit und Schonung der Sprachorgane und bringen den Consonanten, welcher dem Vocale folgt, in der Mundkanalsweite und -Länge des Letzteren hervor. (Daraus ergiebt sich für den Anfang im Lesen, welche Silben als die leichtesten zuerst vorzuführen seien) *). Die Sprachbildung hat auf diese Oekonomie nothwendig Rücksicht genommen und bringt nur solche Häufungen von Consonanten im An- und Auslaute, deren Organstel-

---

*) Siehe den Anfang meiner Fibel: „Erstes Schulbuch des deutschen Kindes".

lungen einen leichten Uebergang in einander möglich machen. Die eine Sprache muthet dem Sprecher darin mehr zu, als die andre. Aus demselben Grunde modificirt sich die Aussprache einzelner Consonanten (g, ch, n) in so hohem Grade, daß man von ebensovielen besondern Lauten zu sprechen berechtigt wird.

§ 2. Die Consonanten.

In der deutschen Sprache giebt es 21 (18) Consonanten, nämlich: h, b, z, d, t, g, k, w, f, s, ß, sch, j, (g†), ch†, g†††, ch††, m, n, n†, r, l.

Uebersicht der Consonanten:

1. Urlaut: h. — Bei ihm strömt einfach der gestoßene Hauch un=gehemmt aus. Aus der gleichen Mundweite bei seiner Hervorbringung einzeln gesprochen, mit der des a ist die Benennung des ihn bezeich=nenden Buchstaben „ha" (nicht he) zu erklären. Solche Erklärung ist auch bei andern Buchstaben möglich.

2. Verschlüsse oder Stoßlaute: b p (Lippen)
   d t (Zungenspitze)
   g k (Gaumen).

Das hier gemeinte g ist das harte. Es steht in den Hauptsilben als einfacher Anlaut oder ebenda als erster in der Consonanthäufung. Es als einfachen Anlaut in der Hauptsilbe auch vor e zu sprechen, wird in manchen Gegenden Deutschlands selbst von den Gebildeten nicht be=liebt (gegeben). Abgesehen von diesem Falle hat der Lehrer streng die richtige Aussprache zu überwachen und selbst zu beachten. — Als Aus=laut in der Hauptsilbe spricht man in manchen Theilen Deutschlands dies harte, in andern das weiche g (j). Es ist dort mittels des Ohres schwer vom k und andern Falles vom ch zu unterscheiden. Dies giebt im Schrei=ben so und so Anlaß zu Fehlern, so lange sich der Schüler noch auf's Ohr dabei stützt. — Was das Sprechen anlangt, so hat der Lehrer sich hierbei nach der in seiner Gegend unter den Gebildeten üblichen Aus=sprache zu richten. Was richtig sei, dürfte unentschieden bleiben.

Für den Leseunterricht ist in Bezug auf die 6 Verschlüsse zu bemer=ken: Der Lehrer lasse beim Nennen jedes einzelnen rein und leise sprechen. In dem Bestreben, besser gehört zu werden, hängen die Kin=der den Lauten ein kurzes i an und sprechen bi pi di u. s. w. Das macht nachher im Lesegeschäfte das Zusammenziehen mit dem folgenden Vocale gradezu unmöglich. — Ferner: Bildungsart und geringe Zeit=dauer der Verschlüsse sind Grund, daß sie im Anlaute unter allen Con=sonanten am schwersten, im Auslaute unter allen am leichtesten zu lesen sind. In letzterm Falle sind sie mit dem Vocale davor die allerleichtesten Lautverbindungen, welche dem Anfänger gelingen*). Als zweiter Grund

---

*) Siehe den Anfang meiner Fibel.

tritt hierbei der Umstand auf, daß der kleine Schüler beim Zusammen=
ziehen eines Vocales und eines folgenden Consonanten den letzteren eben=
falls deutlich artikulirt und stößt, anstatt ihn sanft anzufügen. Wäh=
rend dies nun bei den Verschlüssen nichts schadet, entstellt es die Silben
mit andern Consonanten. Irrthümlich hat man bei diesen ersten einfach=
sten Leseübungen bisher grade die am wenigsten geeigneten, die Halb=
vocale, als am leichtesten anfügbar erachtet und benutzt. Diese Letzteren
sind es wegen der verhältnißmäßig längern Zeitdauer als Anlaute und
dort die Verschlüsse am allerschwersten.

3. Dauer= oder Streiflaute: w f
                                                                           f ß
                                                                         (g†) sch
                                                                       j (g††) ch†
                                                                          g††† ch††

Das g† kommt nicht im Deutschen vor. Es ist das französische, wie
es dort der Regel nach vor e i y klingt; hier ist es nur der Vollständig=
keit wegen aufgeführt.

Das g†† ist das weiche, wie es in der Vorsilbe ge klingt und in
der Nachsilbe ge, sobald der Letzteren nicht unmittelbar a, o, u, au
vorausgeht. (Eine Schonung der Sprechorgane!) Als Anlaut der
Hauptsilbe wird derselbe Consonant mit j geschrieben.

Das g††† im fünften Paare ist dasjenige, wie es in der Nachsilbe
ge klingt, sobald a, o, u oder au unmittelbar vorauf geht. Man dürfte
es das gurgelnde nennen können.

Das ch† ist das gewöhnliche.

Das ch†† ist das, wie es nur klingt, wenn a, o, u oder au un=
mittelbar vorangeht. Es könnte das gurgelnde heißen*).

Die sämmtlichen fünf weichen Dauerlaute (w, f, u. s. w.) haben
einen momentanen, leichten Anklang von Stimme bei sich und nicht bloß
die sogenannten Halbvocale. Dieser Klang kann im Einzelnsprechen
grade in so hohem Maaße angebracht werden, als bei den Letztgenannten.

4. Halbvocale: m
                      n, n†
                      r
                      l

Ihr Name rührt vom Mitklang der Stimme her**).

Sie sowohl, als die ausschließlich „Dauerlaute" genannten Conso=
nanten können einzeln in langer Zeitdauer, wobei nur die Lunge des
Sprechenden die Schranke setzt, gehalten werden. Daher sind sie dem
Anfänger im selbstthätigen Lesen als Anlaute die leichtesten zur Silben=

---

*) Die ebräische Sprache hat noch ein stärker gurgelndes.
**) Der Franzose spricht r und l ohne Tönen der schwingenden Stimmbänder,
also rein consonantisch. —

bildung, da sie Zeit zum Besinnen lassen. — In dem Beiklang von
Stimme (Schwingung der Stimmbänder!), welche Jeder am Erzittern
des Kehlkopfes fühlen kann, ist vielleicht der Erklärungsgrund dafür zu
suchen, daß unsre Orthographie vor r, l, m, n ein h setzt, sobald ein
gedehnter Selbstlaut voraufgeht*).

Ueber n ist noch zu bemerken:

Während man beim Hervorbringen des n den Mundkanal mittels
Anschlusses der Zunge an die Zähne absperrt, kann dies auch durch das
Andrücken der Zungenwurzel an das Gaumensegel geschehen. Der Mund=
kanal ist dann also seiner Länge nach ganz dem strömenden Lufthauche
verschlossen, und letzterer geht auf dem geradesten Wege durch den Nasen=
kanal ab. Auf diese Weise entsteht ein dumpfer klingendes n. Die
Lage der Zunge hierbei ist aber die des Stoßlautes g. Aus dieser
ihrer Lage losschnellend, muß sie stets das g, wenn auch nur in leise=
rem, schnellerem Stoße, hervorbringen. Dasselbe ist mithin von diesem
dumpfen n unzertrennlich. Vielleicht ist's noch richtiger, umgekehrt
zu sagen, das n sei unzertrennlich von dem g. Es ist nämlich der Zunge
zu unbequem, aus der Lage des gewöhnlichen n in die des Stoßlautes g
überzuspringen, und da wählt sie denn sogleich eine Bildung des n in
der g=Lage. Es findet hier derselbe Hergang statt, als wenn wir
"Hamf" anstatt "Hanf" sprechen. Nur ist das Erstere allgemein üblich,
das Letztere hingegen eine Nachlässigkeit. — Da das Kind wohl im
Sprechen wissen kann, ob nach dem n ein g kommt, nicht aber im
ersten Leseunterrichte, so führt man ihm gewöhnlich ng verbun=
den vor. Vermeidet man bei diesem dumpfen n das hörbare Abschnel=
len der Zunge, was g geben muß, so hat man den franz. Nasenlaut
rein und fein.

§ 3. Die Vocale.

Es ist allgemein üblich, zu lehren, die deutsche Sprache habe 8 Vo=
cale. In den Grammatiken wird bei Abhandlung der Orthographie von
"Dehnung und Schärfung" dieser 8 Laute gesprochen, und man versteht
darunter die längere oder kürzere Zeitdauer ihrer Aussprache. Das
dürfte unrichtig sein. Während ich hier auf den Beweis verzichte, weil
mir bekannt ist, wie leider gar viele Leser die "Lautlehre" in einem
Buche, wie dieses, überschlagen, bringe ich hier nur bei, daß ich das
nicht zuerst behaupte. Professor Lachs an der Königl. Taubstummen=
anstalt zu Berlin sagt in seiner "Andeutung des Verfahrens beim Unt.
taubst. Kinder im Sprechen." Berlin b. Oehmigke 1835. Seite 41:
"Was man kurzes o nennt, entspricht nicht ganz dem gedehnten o,
denn es kann nicht mit diesem in gleicher Oeffnung des Mundes
gesprochen werden, sondern erfordert ein weiteres Oeffnen der Lip=

---

*) Die griechische Sprache bietet etwas Analoges.

pen." — Man sehe auch ebenda Seite 35 im § 46 und § 53 auf S. 44.
— Grade so leicht, wie bei dem sogenannten geschärften o ist es bei ö einzusehen, daß es sich nicht bloß durch Zeitdauer von dem gedehnten unterscheide. Diejenigen Vocale, welche dem geschärften o und ö am nächsten stehen, sind zwei Laute im Plattdeutschen. Nach üblicher Art zu bezeichnen, müßte ich sie gedehntes plattdeutsches a und ö nennen.

Es folge hier, wie die einzelnen (gedehnten) Vocale gebildet werden:

I. Die Lippen- oder Verlängerungsgruppe: 1. Bei der vollen Oeffnung des Mundes und natürlichen Lage der Zunge entsteht a. Man könnte es den Urselbstlaut nennen, wie h den Urmitlaut. 2. Verengt man den Mundkanal, indem man den Unterkiefer aus seiner Lage bei a nimmt und dem andern etwas nähert; verlängert man genannten Kanal durch das Vorschieben der Lippen, so entsteht das plattdeutsche a (oa) z. B. Wōagen. Es ist ein a in der Mundstellung des hochdeutschen o zu nennen. 3. Bei noch größerem Verengen der Mundhöhle, noch größerer Verlängerung durch Vorschieben der Lippen und noch größerer Rundung derselben entsteht das hochdeutsche gedehnte o, wie es z. B. in „Tod" klingt.

4. Man vollziehe die vorgenannten 3 Thätigkeiten in noch höherem Maaße, als beim o, so erhält man das gedehnte u (z. B. Uhu). Sein dumpfer Klang hängt von dem fast vollkommenen Verschluß des Mundkanals durch die Lippen ab.

II. Zungengruppe: Verengt man, indem man aus der Lage des a geht, die Mundhöhle einmal dadurch, daß sich der Unter- dem Oberkiefer nähert, wobei die Lippen es natürlich auch thun, und hebt man zweitens gleichzeitig die Zunge, so entsteht in fortlaufender Steigerung der beiden Thätigkeiten die Vocalreihe.

1. ä (Käse)
2. e (sehr)
3. i (mir).

III. Gemischte Gruppe: 1. Wenn man das plattdeutsche o sprechen will; dabei aber die Zungenlage des ä macht, so erhält man das plattdeutsche gedehnte ö (oä), wie vielleicht die meisten Leser es aus dem Munde des Volkes im Worte „Hökerin" hörten. Man kann es auch als e in ä in der Mundstellung des hochdeutschen o bezeichnen.

2. Die Mundöffnung und Lippenstellung des hochdeutschen o geben in der Vereinigung mit der Zungenlage bei e das gedehnte hochdeutsche ö.

3. Die Mundweite und das Lippenspitzen von u geben, wenn damit die Zungenlage des i vereinigt wird, den Vocal ü gedehnt.

1. Bemerkung: a, e, i, o, u werden reine Selbstlaute, ä, ö, ü Umlaute genannt.
2. Bemerk.: Fast gleiche Organstellung hat: u mit w, i mit j, das

Schnarr-r mit dem gurgelnden ch. Daraus erklärt sich bei den beiden ersten Paaren die Wahl der Buchstaben und auch das u am q.

§ 4. Sogenannte Schärfung.

Man spricht die Vocale in den einzelnen Silben mit längerer oder kürzerer Zeitdauer. Die langzeitige Aussprache, bedeutend sich unterscheidend von der kurzen, nennt man die gedehnte. Ich behaupte nun, dieser bloße Unterschied in der Zeitdauer bringe eine Aussprache hervor, die man bisher ganz unbeachtet gelassen hat, und finde sich nur bei den 3 Selbstlauten i, u und ü, sobald darauf gewisse Consonanten folgen (z. B. Wild, Ding, Schuld, Mund, Sünde. Siehe meine Fitzel II. H. Abschn. B). Man gestatte mir, diese Aussprache, wenngleich fälschlich, mittelzeitig zu nennen. Was man aber bisher als geschärfte, kurzzeitige Aussprache von a, e, i, o, u, ä, ö, ü bezeichnete, sind selbstständige Vocale in kurzer Zeitdauer. Es giebt sieben, nämlich a, e (ä), i, u, ü, — o, ö. — Ich behalte die Bezeichnung „geschärfte" bei. Nach Art ihrer Bildung stehen sie so zu den gedehnten, daß sie in den § 3 gemachten Gruppen stets dicht über dem mit demselben Buchstaben bezeichneten ihren Platz finden, also a vor dem gedehnten a u. s. w., o aber vor dem plattdeutschen a und ö vor dem plattdeutschen ö. Bei dem gedehnten ä findet sich kein verwandter geschärfter.

Vom orthographischen und etymologischen Standpuncte aus würde man sagen müssen, das geschärfte ä klinge wie das geschärfte e. Für die meisten meiner Leser unnöthig, stelle ich hier die 15 Vocale mit Beispielen nach der Reihenfolge geordnet auf, nachdem ich bemerkt habe, daß die mittelzeitigen Kindern gegenüber mit den entsprechenden geschärften zusammenfallend behandelt werden. Fühlen sie einen Unterschied, und das kommt bei i und bewirkt sogar eine Verleitung zur Dehnungsbezeichnung (ie), so stellt man ihn als bloße Modification des geschärften Vocales hin.

1. Geschärfte: a | o | — | u | — | e (ä) | i | — | ö | — | ü
2. a. Gedehnte: a | | o | u | ä | e | i | — | ö | ü
    b. Mittelzeitig: | | | u | | | i | | | ü

Beispiele: Hand, Topf, Schurz, Held (hält), Blitz, Böcke, Brücke, — Schaf, Schrot, Blut, Bär, See, Sieb, Oel, kühl, — Hund, Ring, Dünger.

Bemerk.: Die große Wichtigkeit des Besprochenen erhellt später.

§ 5. Die vocalischen Doppellaute oder Diphthongen.

Sobald man von einem Vocale ohne Pause zu einem andern übergeht, erhält man vocalische Doppellaute oder die Diphthongen. In den deutschen Wörtern finden sich deren drei: au, eu, ei. Ueber ihre Zusammensetzung hat man zu verschiedenen Zeiten gestritten, und je nach

den Ansichten die Schreibung geändert. Man prüfe folgende Erklärung ihrer Bildung.
1. Sprich das a geschärft (wie z. B. in backen), und lasse das u folgen; dann entsteht au.
2. Sprich das geschärfte o (wie z. B. in Topf), und lasse i folgen, dann entsteht eu, wie man es wohl zumeist aus dem Munde Gebildeter voll und rund ertönen hört. — Man gehe vom geschärften a schnell zum ü über, dann hat man ein andres eu. — Geht man vom geschärften e (wie es z. B. in „Essen" klingt) zum ü über, so hat man ein drittes eu.
3. Man spreche das a geschärft und lasse schnell i folgen, so hat man den Diphthong ei. — Um dasjenige weiche ei zu erhalten, wie es in manchen Gegenden gebräuchlich ist, gehe man vom geschärften e zum i über.

1. Bemerk. Wenn es beinnach ein dreifaches eu und ein doppeltes ei giebt, so dürfte einleuchten, daß man am besten thue, die einmal gebräuchliche Schreibung ruhig zu lassen. In früherer Zeit hat man au und eu geschrieben, darnach a u und e u.*) Doch was thut's, daß wir so schreiben? — Sicher aber hat man nie und nirgend der Lehrer das Recht, dem Schüler eine Neuerung dieser oder einer andern Art aufzubrängen.
2. Bemerk. Ich habe schon öfter hier und da Lehrer ihre Schüler nöthigen hören, das Zeichen ai anders zu sprechen, als ei. Das ist entschieden unrecht, weil nicht allgemein gebräuchlich. Die meisten Wörter mit a i sind keine deutschen. Selbst wenn es nach der Sprache, aus welcher sie kommen, auch so richtig wäre, so entschiede das noch nicht; denn jede Sprache modificirt die Aussprache einer fremden mehr oder weniger nach den in ihr gebräuchlichen Lauten und Sprechgesetzen. Nur lebende Sprachen, welche sich allgemeiner Verbreitung erfreuen, wie z. B. die französische, dürfen wir Deutschen nicht so behandeln.
3. Bemerk. So wie man die Halbvocale ohne Vibration der Stimmbänder sprechen kann, so ist das auch bei den Vocalen möglich. Es geschieht im Flüstern. Das ist doch aber nicht das normale Sprechen, und deshalb erscheint es mir gar nicht nöthig, die Ausdrücke „ein Vocal klinge stark", eine Consonant leise", zu verwerfen, und sich abzumühen, bei den Definitionen andre Unterschiede aufzufinden. Jedenfalls verfährt man im elementaren Leseunterrichte unpraktisch, eine andre Bezeichnung, als die nach Stärke und Schwäche des Klanges zu gebrauchen. Bei ihr denkt sich doch das Kind etwas. —
4. Bemerk. Beim Flüstern prägt man gleichsam nur den „Charakter" des einzelnen Vocales aus. Der Lungenhauch geht dabei sanft durch die Stimmritze und die bezügliche Mundstellung. Die Vocale erhalten dabei so viel leisen, dumpfen Klang, als die Sprechwerkzeuge mit Ausschluß der Stimmbänder verleihen können, empfangen also den Typus der Consonanten. — In der lauten Rede strömt der Hauch nicht frei ab; sondern setzt sich unter den Stimmbändern auf eine Weile fest, verdichtet sich so und bringt die Schwingungen hervor.

---

*) Siehe Legograph. v. Schulze, S. 73, und den schlagenden Beweis daß au und eu das Richtige sei, in der Anm. a. derf. S.

II. Abschnitt.
Das Lesen und der Lesestoff.

§ 1. Was ist Lesen?

Es ist von der höchsten Wichtigkeit für Jeden, der im Lesen zu unterrichten hat oder sonst in Beziehung zum Volksschulwesen steht, genau einzusehen, was man sich unter „Lesen" zu denken habe, welche Thätigkeiten der Lesende auf den verschiedenen Stufen übt. Sehen wir zu, und prüfen wir hernach die Mittel, welche den Schüler zum Lesen befähigen sollen. (S. Einleit. §. 8!) „Lesen" ist auf dem Wege, welchen der Lernende zu gehen hat, nicht genau dieselbe Function, wie zu Anfange, und nicht die des fertigen Lesers. — Der Bildungsgang, welchen ein fertiger und guter Leser durchmacht, sowohl im mechanischen, als im euphonischen Lesen, hat bis ins Einzelne hinein die größte Aehnlichkeit mit der stufenweisen Entwickelung eines tüchtigen Clavierspielers. Diese öfters gezogene Parallele fördert die Erkenntniß nicht, wenn man nicht ein wenig breiter wird und zwar gerade um deswillen, weil hier die Aehnlichkeit zu groß ist. In Beidem kommt Lesen vor. (Hier Buchstaben, da Noten.) Was Lesen sei, ist damit nicht anschaulicher gemacht; das Wort kann ja nicht mit sich selbst erklärt werden.

Dem einzelnen Sprachlaute entspricht der einzelne musicalische Ton; dem Buchstaben die Note, der Silbe der einzelne Accord, dem Worte ein Tacttheil oder der ganze Tact. Aus dem Anfänger im Lesen, der mit allerhand Schwierigkeiten zu kämpfen hat, soll ein fertiger (mechanisch!) Leser werden. Schnelles und volles Verständniß des Gelesenen mit Herz und Verstand sind die innern Voraussetzungen, aus solchem fertigen Leser einen **Schönleser** zu machen; ein biegsames Organ die äußere. Praktische (durch Muster) und theoretische Anleitung der Bildungsgang des Schönlesers. — Aufs Genauste ebenso wird der Anfänger im Clavierspiel ein fertiger Spieler und auf höherer Stufe ein Meister auf seinem Instrumente, dessen Vortrag ergreift, hinreißt. — —

1. Dem Anfänger im Clavierspiele befiehlt die einzelne Note, den dadurch bezeichneten Ton anzuschlagen. Welche Note diese oder jene Taste bedeute, muß er vorher genau erlernt haben und jetzt schnellstens wissen *). Sehen der Erstern und Anschlagen der Letzteren müssen eins

---

*) Das verbannt jedes Unklarlassen des Schülers über die einzelnen Laute in irgend welchem Maaße vor dem Lesen, wie es nach der Jacototschen Methode mehr oder minder stattfindet. Ihm ist ein wirres, willkürliches Aufschlagen der

sein. — Mühsam liest er von unten nach oben zu die Noten des Accordes nach einander. Mit Anstrengung giebt er den Fingern Lage mit richtiger Distanz und schlägt an. Je unsicherer und langsamer im Finden der Taste beim Anblick der einzelnen Note er noch ist, desto stümperhafter geht das Finden und Produciren des gleichzeitigen Anschlages der Accordtöne. — Gerade so —, nur von links nach rechts anstatt dort von unten nach oben zu, — sammelt (legere!) der Anfänger im Lesen die einzelnen Laute nach einander zu einer Silbe. Das Aneinanderschieben muß in demselben Lufthauche, lückenlos geschehen. Von einem Nacheinander kann hier nicht viel die Rede sein; obwohl es so ist. Die Zeit ist eine zu kurze. Weil das so ist, darum hat man Jahrhunderte lang nicht klar die Elemente der Silben unterschieden. Laut aber hat dies, denn darauf beruht jede Schriftsprache mit Lautzeichen. Zum Aussprechen des einzelnen Lautes in der Silbe giebt der Anblick des Buchstaben den Befehl. Die Zeit zwischen Anblick des Letzteren und Aussprechen des Ersteren muß gleich Null werden, soll anders aus den einzelnen Lauten eine Silbe werden. Ehe des kleinen Schülers Auge so schnell von Buchstabe zu Buchstabe eilt und gleichzeitig seine Sprechorgane von Stellung zu Stellung mit Mühe gehen, wird ihm in der zweckmäßigen Wahl der Silben ein ermunternder Uebungsstoff geboten sein. Zweckmäßig ist ohne Widerrede die Wahl von zweilautigen Silben vor drei- oder vierlautigen, ferner unter erstgenannten die von solchen, deren erster Laut ein Verweilen, Besinnen gestattet. Das verstößt die Silben mit Verschlüssen vorn aus den allerersten Leseübungen.

Vor Allem ist aus der bisherigen vergleichenden Betrachtung das festzuhalten: Das Lesen des Anfängers ist ein bewußtes Aneinanderschieben, Schaffen der Silbe, bei welchem der Anblick des einzelnen Buchstaben und das Aussprechen des Lautes der Zeit nach zusammenfallen, bei welchem das Hinübereilen des Blickes zum folgenden Buchstaben und das der Sprechorgane in die neue Stellung und Function absatzlos, blitzschnell und Letzteres eben um deswillen mit Anwendung der im Sprechen Jedem geläufigen Oekonomie *) stattfinden muß.

2. Wie der gewandte Clavierspieler mit einem Blicke die Noten des ganzen Accordes ordnungsmäßig von unten nach oben zu übersieht und die Töne gleichzeitig anschlägt, so überblickt ein geübter Leser im Fluge die Buchstaben der Silben und spricht Letztere, sich der einzelnen Bestandtheile in dem Augenblicke kaum noch bewußt. Uebung bildet Beide; die Grade der Vollkommenheit sind selbstverständlich verschieden. In

---

Finger auf die Tasten vergleichlich, bei dem erst der corrigirende Lehrer richtige Accorde fort und fort machen soll. — Es folgt aber daraus nicht das Erlernen aller Buchstaben vor dem Lesen. Dem davon abweichenden Verfahren im Leseunterrichte steht auch eins in Music zur Seite. Sein Vorzug ist Aufmunterung.

*) Siehe Lautlehre.

Folge unendlich häufiger Wiederkehr der nämlichen Accordart erkennt er bei den einzelnen derselben die zu nehmende Fingerdistanz *). Später ruhen die einzelnen Accordbilder fertig im Geiste. Gerade so beim ziemlich fertigen Leser. Die Silben sind ein Fertiges, nicht erst zu Machendes. Später liegen die ganzen Wortbilder fertig in der Seele aufgespeichert. Das Wort ist eine Einheit geworden; es wird mit Leichtigkeit erkannt. Dem Anschauen der Accordnoten folgt beim fertigen Spieler so schnell der Befehl an die Finger zur hörbaren Darstellung, — Accord auf Accord mit richtiger Tactbetonung aneinander ohne Pausen gebunden, — daß beide Thätigkeiten, Sehen und Hören, fast zusammenfallen, und diese Wiedergabe erfolgt durch die Hände so leicht, daß sie dem Spieler gar nicht mehr als ein zweites Geschäft erscheint. Die Tasten sind ihm so zur Verfügung, wie dem Sprecher die Sprechorgane. Vom Suchen der Taste oder einer zweckdienlichen Distanz der Finger oder dem Fingersatz beim Fortschritte ist keine Rede. — Gerade so ist es beim fertigen Leser. Die Sprechorgane verrichten unbewußt ihren Dienst. Das Lesen ist Reden geworden. Nur die treibende Kraft ist eine andere. Während sie im Sprechen die denkende, sich mittheilende Seele ist, kommt beim Lesen der gemessene Befehl durch den Anblick der Buchstaben, vereinigt zu Wortbildern. — Versteht der Leser, was ihm das vorliegende Schriftstück mittheilen will, so empfängt seine Seele durchs Lesen den Inhalt, und theilt ihn gleichzeitig im lauten Lesen (Vorlesen) dem Zuhörer mit. Es fällt beim Verständniß des Gelesenen auch der Unterschied zwischen Reden und Sprechen fort.

Ein wichtiger Unterschied zwischen dem Clavierspieler und Leser muß hervorgehoben werden. Der Erstere muß seine Finger erst zu Organen musicalischer Sprache mit vieler Mühe bilden, ihnen Geläufigkeit in Fortbewegung, gleichzeitig mit rechter Distanz, verschieden bei verschiedener Stimmführung in gleicher Zeit u. s. w. durch Uebung verschaffen. Er wird ferner erst durch Musikunterricht zumeist und der Hauptsache nach zum Verständniß erzogen und bringt keine musicalischen Gedanken mit. Nicht so der Leseschüler. Seine Sprechwerkzeuge haben beim Beginn selbst, wenn es ein noch so schlecht vorgebildetes Landkind wäre, eine unvergleichlich höhere Vorbildung, als die Finger jedes Anfängers im Clavierspiele. Die Sprache steht ihm in gewissem Maaße zu Gebote; er hat Gedanken und kann sie schon mittheilen. — Haben Musik- und Leseschüler das als Gleiches zu überwinden, daß sie ordnungsmäßig und in blitzschneller Ausführung den Befehlen durch die äußerlichen Zeichen an ihre Organe Folge leisten lernen, sodaß dies einem Befehle durch den eignen Geist gleichkommt, so ist der Vortheil leichten Erlernens doch auf Seiten des Leseschülers. Aber in den Gründen liegt auch zugleich eine Gefahr! Es ist die, die Wörter erra-

---

*) Analogie!

then zu wollen. Wird dem nicht vorgebeugt, wie z. B. in der Buch=
stabirmethode durch das Nennen aller Buchstaben in den einzelnen Wör=
tern, oder wird der Schaden nicht aufgehoben durch **fleißiges Zerlegen
der Wörter in Laute (Kopflautiren) und durch ein fortlaufendes
bewußt schaffendes Schreiben nach Dictando**, so können sich
die Wortbilder nimmermehr bis in die einzelnen Elemente hinein richtig
dem Geiste imprimiren. Das heißt: Es kann so **kein fertiges Lesen
und kein Richtigschreiben** erzielt werden. —

Ferner: Weil fertiges Lesen und hörbares Mittheilen eigner Ge=
danken sich **nur** noch in der angegebenen Weise unterscheiden, darum hat
man vergessen können, daß keine **gute** Methode im Blicke auf die An=
forderungen gesunder Pädagogik und im Blicke auf die Erfolge in sämmt=
lichen Sprachunterrichtszweigen erstehen könne, sobald das Lesen des An=
fängers nicht wirklich legere (sammeln), ein vollständig selbstständiges
Schaffen der Wörter ist. **Leseunterricht darf nicht auf Bekannt=
schaft mit der hörbaren Sprache basiren; es ist sonst ein
grundsätzliches Anleiten zum Errathen.**

3. Betrachten wir den tüchtigen Clavierspieler, den Meister auf
seinem Instrumente und daneben den **fertigen und tüchtigen** Leser.
Ersterer blickt nicht nur die einzelnen Accorde als Ganzes, nein es stehen
ganze Tacte auf den ersten Blick fertig zum Anschlag vor ihm. Die Be=
standtheile sind ihm alte Bekannte, das Notenblatt nur der Mahner, die=
sen und jenen sich und den Zuhörern in gebotener, oft errathener Reihen=
folge vorzuführen. Er hört sie im Geist erklingen sowohl nach Charakter
der einzelnen, als nach seinem Zusammenhange mit den folgenden und
sofern sie die Melodie bilden. Musicalisches Gefühl, praktische Kenntniß
der musicalischen Gesetze, Verständniß der Gedanken läßt ihn die Art
und Verknüpfung der Accorde und den Fortschritt der Melodie zum gro=
ßen Theile errathen. Sein **schwaches Gedächtniß**, gegenüber der
großen Anforderung, und die Möglichkeit des Auftretens von Unbekann=
ten nöthigt ihn, Behufs des Anschlagens bei den einzelnen Tacten und
Reihen die Augen auf dem Blatte ruhen zu lassen, immer weit voraus=
sehend, den musicalischen Gedanken gefühlvollen und ergreifenden Aus=
druck und Verknüpfung im rechten Zeitmaaße gebend. Spielte er dasselbe
Stück bereits öfter oder ist ihm sein Inhalt doch durchs bloße Lesen be=
kannt, so kann er immerhin einmal an etwas Andres, als seinen Vortrag
denken, und anderswohin blicken, als auf die Noten und Tasten.

Gerade so Stück für Stück beim fertigen und tüchtigen Leser! Unter
dem „fertigen" will ich den verstanden wissen, dem das schnellste Lesen
beliebigen Stoffes keine Schwierigkeit mehr bietet, den mechanisch tüch=
tigen Leser, unter dem „tüchtigen" einen ebensolchen mit schnellem, vollem
Verständniß des Inhalts und der Gabe, den Stoff dem freien Vortrag
eigner Gedanken in Aeußerung und Wirkung gleich wiederzugeben.

Der fertige deutsche Leser sieht beim Aufschlagen eines beliebigen deutschen Buches die Wörter als Ganze, gleichzeitig eine große Menge, so viele, als sich im Auge spiegeln können. Er kann sie nur nicht zu gleicher Zeit aussprechen. Er setzt sie nicht laut=, nicht silbenweise zusammen, sondern reproducirt die in unendlich häufiger Wiederholung (Uebung im Lesen!) ihm vorgeführten, dem Geiste durchs Auge sicher und treu eingeprägten Wortbilder; — die bestimmten Einzelnen auf Befehl seines Buches. Dabei hat er an der praktischen Kenntniß der Sprachgesetze, des Sprachbaues in Wortbeugung, Wortfolge, Satzbau, den üblichen Wendungen verbunden mit dem Verständniß des Inhaltes, Ahnung des Zusammenhanges zwei starke Führer. Beide sind hier stärker, als die gleichen in Musik, weil die betreffenden Gesetze nicht so klar und speciell zu Tage liegen und die Gefühle und Gedanken in Musik stets schwerer verständlich sind.

Daß es wahr sei, wenn behauptet wird, der fertige Leser reproducire nur die einzelnen fertig in der Seele ruhenden Wortbilder, kann auch durch eine bekannte Erfahrung belegt werden. Wir sind zerstreut, unsre Gedanken sind wo anders, oder man stört uns, und wir wollen dennoch lesen. Sehen wir da nicht alle Wörter der ganzen Seite mit einem Blicke, lesen wir sie nicht alle nacheinander und — nachher? Wir wissen nichts vom Gelesenen. Satz für Satz müssen wir von vorn anfangen!

4. Heben wir bei unsrer vergleichenden Betrachtung noch etwas Wichtiges hervor. Kommt dem fertigen Spieler ein selten auftretender Accord vor oder häufen sich die zufälligen Vorzeichnungen, so wendet er seine Notenlesekraft an, während er sonst, — wie bekannt und schon gesagt, — immerhin bequem nebenbei an etwas Andres denken kann, ohne sich zu vergreifen. So auch bei dem fertigen Leser! — Nur bei einem selten oder nie vorgekommenen Worte, etwa einem Eigennamen oder Fremdworte, muß er seine Lesekraft in ihrem langsamen „Sammeln" anwenden.

Indem ich schließe, fasse ich die Beantwortung der Frage, was Lesen sei, dahin zusammen:

1. Der Anfänger sammelt die einzelnen Laute beim Anblick der Buchstaben zu Silben und schiebt diese zu Wörtern aneinander. Er geht mit Lesekraft an seinen Stoff.

2. Im Fortgange des Unterrichtes treten Lautgruppen und später Silben als Einheiten auf zum Sammeln. Lesekraft und eine gewisse Art Lesefertigkeit treten gemischt auf. Ersteres gegen Ende des Lesenlernens immer mehr zurücktretend, wie am Anfang einzig fungirend.

3. Der fertige Leser hat die ganzen Wortbilder als Einheiten im Geiste. Er spricht dieses und jenes Wort beim Anblick seines Bildes im Buche nach blitzschnellem Erkennen. —

4. Nur bei unbekannten Wörtern, deren Bilder nicht in seinem Geiste aufgespeichert liegen, wendet er die Lesekraft an. Sie muß also stets zur freien Verfügung wach erhalten werden.

§ 2. Eintheilung des Leseunterrichtes und des =Stoffes.

1. Sofern es Jemandem noch nicht ohne die geringste Anstrengung gelingt, Schriftsprache geläufig den Wörtern nach richtig in hörbare um= zusetzen, d. i. zu lesen, so ist er noch nicht über das mechanische oder elementare Lesen hinaus. Wer es ist, dem sagt der Anblick der einzelnen Wörter eben so schnell und leicht vernehmlich, welche Wörter er auszusprechen habe, als flüsterte man einem Redner Wort für Wort ins Ohr, oder als beföhle der eigne Geist die Wahl der Wörter. — Als Ge= biet des mechanischen Lesens sind alle einzelnen Wörter der Sprache zu denken. Den Unterricht darin an zusammenhanglosen Wörtern zu Ende zu führen, etwas so unerhört Unverständiges und Unpädagogisches ist sicher noch Niemandem eingefallen. Es ist dies aber sonst auf zwei Arten geschehen, nämlich a) von der ersten Stunde ab an Sätzen oder Geschich= ten, b) längere oder kürzere Zeit vom Anfange ab an nur unzusammen= hängenden Wörtern, denen alsdann Lesestücke folgen, c) vom Anfange ab paragraphenweise zusammenhanglose Wörter stets mit Sätzen hinter= her. — Hierauf Lesestücke. Ich halte das Letztere für das Zweckmäßigste, weiche aber von der bisherigen Art bei Wahl der Sätze ab. — Denjenigen Theil der Fibel, welcher zunächst dazu bestimmt ist, Lesekraft zu geben, zu üben und zu potenziren (siehe Nr. 1, 2 ganz am Schlusse des vorigen §. 1), nenne ich ihren elementaren Theil. Er geht so weit, als in den Fibeln zusammenlose Wörter allein oder gemischt mit Sätzen u. s. w. auf= treten. Das ist die eigentliche Fibel!

Von da ab, wo bloß noch Lesestücke auftreten, bewirkt sie nur das Einprägen der ganzen Wortbilder und ist von allen andern Büchern fast nur noch durch den Inhalt verschieden, welcher sich im Vergleiche zu demjenigen anderer wie Milch zu schwererer Speise, im Vergleiche zu dem des spätern Lesebuches, wie der erste Fachdiener nach Zeit und Bedürfniß zum folgenden verhält. — Wenn ich die Einschränkung machte, der zweite Theil einer Fibel unterscheide sich von andern Büchern „fast" nur dem Inhalte nach, so meine ich damit, er werde verständiger Weise nicht mit Fremdwörtern u. dgl. untermengt sein.

Der selbstverständlichen möglichst leichten Form seines Inhaltes nach kann der zweite Theil der Fibel eben so gut erster Theil des spätern „Lesebuches" der Volksschule sein, daher nannte ich den elementaren Theil die „eigentliche" Fibel. Auf dieses Theiles Bau kommt Al= les an im Blick auf den Lesezweck! — Es ist kaum noch zu erwähnen nöthig, daß das Imprimiren der ganzen Wortbilder an der Fibel nicht zum Abschlusse gebracht werde. In wie hohem Grade sie dazu diene, hängt vom Bau des elementaren Theiles und der ganzen Be= handlungsweise ab.

2. Alle Anforderungen, welche das volle Erfassen des Lesestückes mit Verstand und Herz an den Leser macht, gehören nicht dem mechanischen

Leseunterrichte an. Stufenweis geordnet tritt hier entgegen: a) Stellung des Wortes im Satze nach Stärke, Zeitdauer, Tonhöhe; b) Stellung des Satzes im Satzganzen in eben der Hinsicht; c) ebenso die der Satzganzen zu einander und d) Toncharakter des ganzen Lesestückes. — Es ist selbstverständlich, daß dies Vierfache in der Volksschule nicht Gegenstand eines abgesonderten Unterrichtes, der dem im mechanischen Lesen etwa als zweiter Cursus folgen müßte, sein darf. Auf Stufe a kann er es nicht einmal. Doch nein, ich irre mich! Man hat wirklich schon Sätze und ganze Lesestücke im elementaren Leseunterrichte in Silben zerhackt, klang- und sanglos. Auch äußerlich so dargestellt — waren sie! Zu diesem Verfahren konnte wohl nur die bedauernswerthe Manie verleiten, möglichst bald von zusammenhanglosen Wörtern fortzukommen. — Sobald in einer Fibel Sätze auftreten, ist auch die Wortbetonung zu beachten u. s. w. — Das spätere Lesebuch hat diesem „höhern" Leseunterrichte fortwährend zu dienen.

Zum mechanischen Leseunterrichte gehört bloß die Silbenbetonung, daher bespricht das vorliegende Buch, das nur diesem dienen will, eben nur diese Betonung. Mit dem Schönlesen habe ich es nicht zu thun!

§ 3. Lesekraft.

Gieb dem eintretenden Schüler die **Lesekraft**, errege und erhalte die **Leselust** und reiche ihm eine gute Fibel zum **Ueben**, so hast Du das Deine im mechanischen Leseunterrichte gethan!

Die Lesekraft ist das Vermögen, beim Anblicke eines Wortes sämmtliche Laute einer Silbe in demselben Lungenhauche oder ohne Absatz zwischen den Lauten richtig aussprechen zu können. Man hat sie und liest mit vollem Bewußtsein, wenn man über den Klang jedes einzelnen Lautes beim Anblicke der **einzelnen Zeichen** im Wortbilde sich genau Rechenschaft geben kann und sie so sprechend aneinander schiebt. — (**Schreibekraft** hat man dagegen, wenn man im Stande ist, sich über den Klang jedes einzelnen Lautes in der Silbe beim Hören des Wortes genau Rechenschaft zu geben und die einzelnen Zeichen (Buchstaben) schreibend aneinander zu fügen.)

Es sei hier im Voraus bemerkt, daß die reine, selbstständige Anwendung der Lese- und Schreibekraft vom Anfange ab und unausgesetzt fortlaufend bisher unmöglich war, weil sich die **hörbare** und **sichtbare Sprache** in ihren Elementen (Laute und Buchstaben) **nicht decken**, einmal in der Art, wie wir **unterrichten**, und dann auch, wie die Schriftsprache theils mangelhaft, theils überhaupt **gebaut** ist und endlich im speciellen Blick aufs Schreiben wegen Behinderung durch die übliche Anwendung der **Großbuchstaben**.

seitigen, ist das Bestreben des Verfassers. Dahin zielt seine Methode und seine Fibel.

Es sei ferner im Voraus bemerkt: Wer nach der Buchstabirmethode lesen lernte, der war nicht im Stande, sich erstlich genau Rechenschaft über das Verhältniß des Consonanten zu seinen Buchstaben zu geben; da ihm beim Verabreichen des **Buchstabennamens** das Herausfinden des bezeichneten Lautes überlassen blieb, was sich nie und nimmer über ein **dunkles Ahnen** und unsicheres Tappen erheben konnte. Der Buchstabirer war ferner insofern und da nicht im Stande, sich genau Rechenschaft zu geben und selbstständig die Laute aneinander zu reihen, inwiefern und wo es die Schüler der **Lautmethode** heute nach Lehrart und Fibel nicht können. *Dies ist bei den sogenannten **Dehnungszeichen**, bei sämmtlichen **geschärften Vocalen** und **den Wörtern, in welchen wir für den gehörten Laut nicht den entsprechenden Buchstaben setzen**. Es wird darüber eingehend verhandelt werden!

Sprechen wir jetzt wieder von der **Lesekraft**. Wie erweckt man sie? Der Anfänger muß einzeln gesprochene Laute ohne Absatz **an einander schieben** lernen, denn die einzelnen Buchstaben bezeichnen einzelne Laute. Es kann dies ohne Vorlage von Schriftsprache geschehen und mit Anknüpfung an sie, lesend oder schreibend oder Beides zugleich; — jedes Mal aber am **leichtesten**, also zweckdienlichsten Materiale! Kleinen Kindern gegenüber wird das **Einfachste** wohl immer und überall das Leichteste sein; also auch hier. Man hat mithin Silben zu nehmen, welche aus nur zwei Lauten bestehen, und zwar solche, **in welchen Laut und Buchstabe sich genau und durchaus decken**. Die Zahl solcher ist nach der **bisherigen** Art, die Buchstaben und Laute zu lehren, eine sehr geringe; nach meiner umfaßt sie die Mehrzahl aller deutschen, neben welcher die mindern kaum nennenswerth sind. Wenn ich sage, man habe an „Silben" die Lesekraft zu geben, so meine ich nicht, man dürfe nicht Wörter dazu wählen; sondern nur, es liege dabei bloß je eine Silbe als Stoff vor. Ich verwerfe entschieden jede **erdachte**, in deutschen Wörtern nicht vorkommende Silbe aus allgemeinen didactischen Gründen und ferner aus orthographischer Rücksicht jede in irgend einer Art **unrichtig geschriebene**, wie nach herrschendem Schreibgebrauch, so nach Abweichung vom Sprachklange. Ihre stufenmäßige Anordnung muß auf Grund der Eigenthümlichkeit der Lautarten geschehen und spielt hierbei die „Oekonomie" im Sprechen eine Hauptrolle. (Siehe Lautlehre § 1 und 2). Wer ohne Vorlage von Schriftsprache die Lesekraft zu erwecken beabsichtigt, der muß unbedingt Wörter nehmen. Nimmt er bedeutungslose Silben, so begiebt er sich eines Reizmittels. Die Wörter geben **Lust**, bieten Gelegenheit zu sprachlicher und sachlicher Belehrung und bringen so auch Abwechselung in die Theile der Lehrstunde. Wer die Lesekraft am **Lesestoff** geben will, der kann Bedenken tragen, mehr als einsilbige Wörter mit zwei Lauten zu nehmen, und da ihrer kaum ein halbes Dutzend passender im Deutschen vorhanden sind, so muß er sich entschließen, bedeutungslose Silben zu nehmen. Mehrsilbiger Erweckungsstoff darf in den allerersten Lehrstunden nicht Leseübungsstoff sein, wenn man den leichtesten nehmen will. Er ist es nicht, denn er treibt den Leser mit so großer Hast von der ersten zur zweiten Silbe, damit das Wort und nicht die einzelnen Silben mit langer Pause, — was mit bedeutungslosen gleich wäre, — daß der Anfänger der Anforderung nicht genügen kann. Man muß ihm bei den ersten Lehrversuchen sogar Zeit gönnen in den einzelnen Silben von zwei Lauten vom ersten zum zweiten zu gehen ohne Absatz, und dazu gehört schon zweckmäßige Auswahl. Was bleibt aber dem Kinde übrig, wenn man als ersten Leseübungsstoff zweisilbige Wörter wählt? Sobald es durch Vorsagen seines Lehrers oder bei großer Achtsamkeit von selbst gemerkt hat, hier sei dieses oder jenes zweisilbige Wort, die zweite Silbe sei schnell zur ersten zu ziehen, so fängt es, gereizt durch den Inhalt, an, zu errathen*). Es wird ein Faselhans! Das heißt, seine Lesekraft außer Function setzen, sie endlich todt machen. (Ganz dasselbe wirkt stets die Eile auf jeder Stufe im Leseunterrichte und jedes übermäßige Treiben zum schnellen Lesen!)

Der erste Leseübungsstoff muß einsilbig sein, wenn man zugiebt, man habe ihn für die schwächsten Leseschüler, nicht für einzelne gut befähigte und vorgebildete zu bemessen. Sollte Jemand durch meine Ausführung nicht überzeugt sein, den kann aller Orten die Praris belehren! Verschmähen es die Fibeln in unsrer Zeit, den Anfang mit einsilbigen Wörtern, und in Ermangelung vieler solcher, bedeutungslose Silben zu bringen, so ist das einerseits nur Schein und andrerseits kann ich es nicht billigen, wobei ich freilich daran erinnern muß, welche Sorte solcher Silben ich nur zulassen zu können meine. Meine Fibel bringt alle im Deutschen vorhandenen, passenden, einsilbigen, zweilautigen Wörter und alle passenden Silben. Ihre Zahl ist gering!**)

Ist es nicht Schein, wenn die Fibel sich so stellt, als helfe die Vortrefflichkeit der Methode über fade Silben hinfort? Was hat der kleine Schüler Besseres an den leichten Wörtern „auf, aus, auch, ein, so, du, da, wo, zu, ja, je, sie, sei u. dgl., in welchen er mit Mühe und Noth Laut an Laut schob? Ja wenn es Substantiven wären! Ist es nicht Schein, wenn der praktische Lehrer doch an der Lesemaschine oder sonst wie oder schreibend als erste Leseübung einsilbigen Lehrstoff ansetzt? Wo nicht, so liest sein Schüler etwanigen zweisilbigen so zerrissen, daß die Wörter aufhören, welche zu sein. — Am schönsten wird eine Fibel aussehen, welche nur Lesestücke bringt. Ist sie deshalb gut? Es ist aber

---

*) Die Fortsetzung in solchem Erziehen werde ich später besprechen!
**) Passend finde ich nur die, welche wirklich in deutschen Wörtern vorkommen, ferner nicht zum geschärften Sprechen ihres Vocales verleiten und endlich nicht zum Einprägen von Verstößen gegen die Rechtschreibung verleiten.

nicht zu billigen, im Blicke auf das elterliche Haus, und das bezahlt die Fibel! Die Fibel muß vom Anfange ab lückenlosen Leseübungsstoff bieten. Eine Lesemaschine haben die Eltern nicht, um, gleich dem Lehrer, daran ihren kleinen Liebling die ersten Leseversuche machen zu lassen. Und doch kümmert sich auch der ärmste Tagelöhner um das Lesen, und doch unterrichten viele Eltern ihre Kinder zu gern schon vor der Schulzeit darin, und doch muß das Haus der Schule darin helfend zur Seite gehen und kann es mit großem Segen, — und doch lassen die Fibeln den Anfang fort, d. i. sie entschlagen sich der großen elterlichen Hülfe und bieten um des schönen Scheines willen nicht den grade im Stufengange unentbehrlichen Leseübungsstoff! — Wieviel kostet er an Geld? Wie lange währt es denn, daß die wenigen Seiten durchgelesen werden? Wird dabei der Geist des Kindes getödtet? Thut es dem sonstigen Verfahren des Lehrers Eintrag? Sollen die Eltern zum Lehrer gehen, um die Vorübungen zu erlernen oder soll gegentheilig dem Lehrer zugemuthet werden, vom Seminare oder aus seinen Handbüchern zu wissen, daß er hübsch neben so geistlosem Anfange der Fibel, Anregendes mündlich zu behandeln habe in schöner Abwechselung? Die Buchstaben zu lehren ist wohl auch nicht inhaltsschwerer, und doch wird es immer und überall nöthig sein, sie auch manchmal einzeln „aufsagen" zu lassen.

§ 4. Fortsetzung.

Nachdem der Stoff betrachtet ist, an welchem die Lesekraft geübt, wie erweckt werden kann, wird es Zeit sein, zu sehen, wie das Erwecken am besten geschieht. Es geschieht am besten im bloßen mündlichen Zergliedern und sofortigen Zusammensetzen von Wörtern neben solchem Verfahren mit Vorzeigen der zum einzelnen Worte gehörigen Buchstaben Seitens des Lehrers und Lesen Seitens des Schülers neben Lesen des einfachsten Stoffes neben Zergliedern mit Niederschreiben Seitens des Schülers.

Diese vierfache Behandlung der Wörter muß, — nebeneinander in jeder Schulwoche, in der ersten Schulzeit des Kindes in jeder einzelnen Stunde nebeneinander stattfinden. Um die erweckte Lesekraft wach zu erhalten, muß man die zweite, dritte und vierte Art der Behandlung ununterbrochen nebeneinander durch den ganzen Lesecursus anwenden. Dasselbe wird vom orthographischen Standpuncte aus gefordert. Wer nach meiner Fibel unterrichtet, hat nicht Aufhalten in den Fortschritten zu befürchten, wenn seine Schüler in den ersten Wochen noch nicht die zerlegten Wörter schreiben. Unter der erwähnten mehrfachen Behandlung ist das Aufschreiben der Wörter am schwersten, und steht zum sonstigen wie Praxis zu Theorie. Das Aussetzen des Schreibens in den ersten zwei bis vier Wochen wird überall da eintreten, wo die Schüler mit ungeübtem Auge und eben solcher Hand dem Lehrer zugeführt werden. — (Was sonst über das Aufschreiben zu sagen nöthig ist, und wie dazu die heutige Schreiblesemethode steht, wird in der ganzen II. Abtheilung dieses Buches besprochen). Wer nur eine von diesen Behandlungsarten anwendet, geht nicht den für Lesen und Orthographie zweckmäßigsten Gang. Wer nicht schreiben läßt, schadet in ungeheurem Maaße der Ausbildung des Kindes im Richtigschreiben für immer und in nicht geringerm dem Lesen. — Wer nicht das rein mündliche Verfahren in den ersten 3—6 Schulwochen anwendet, der bietet dem Kinde zu wenig Stoff zur Erweckung und Stärkung der Lesekraft und begiebt sich des Mittels, die vielen einzelnen nach Leseschwierigkeiten zu machenden Stufen am leichtesten vorzubereiten. Zu wenig Zergliederungsstoff wird in diesem Falle geboten, da das Lesen und Schreiben sehr lange Zeit sehr langsam geht. Die Buchstabirschüler zergliederten (beim Lesen Wort für Wort) durch den ganzen elementaren Cursus. Es liegt im Wesen der Lautmethode*) beim Lesen nicht die einzelnen Laute des Wortes zu nennen, und das ist ihr unendlich hoher Vorzug vor dem Buchstabiren. — Dem Kinde aber den eigentlichen Hergang beim Lesen, das Sammeln ohne Stimmenabsatz deutlich zu machen, dazu muß Zergliedern der zusammenhängenden Laute (der Silbe) und sofortiges Zusammenfügen des eben Getrennten zur Seite laufen. Das heißt Lesekraft geben. —

Die Lesekraft wach zu erhalten, wie zu potenziren, giebt es kein andres Mittel, als Zergliedern und Zusammensetzen, wobei das Lesen an der Maschine, den Lesestäben, den an die Schultafel geschriebenen Wörtern und endlich das Aufschreiben des Schülers als Controle dienen, ob der Schüler den Hergang begriff, ob er lückenlos und schnell wirklich aneinander schieben kann und ob er die Elemente der Silbe dabei immer noch im Bewußtsein hat anstatt zu errathen; d. i. das selbstthätige Vorgehen aufzugeben, wozu bei einiger Sprachbekanntschaft und nach einigem Leseunterrichte die größte Verlockung im Wesen des Kindes und Stoffes liegt.

Die gründlichste Controle ist das Aufschreiben Seitens des Schülers, das Dictirschreiben; daher gebührt der Schreiblesemethode vor allen andern der Vorzug, wenn es nur eine Schreiblesemethode giebt, welche durch den ganzen Lesecursus fortlaufend stets die Elemente jeder Silbe bis ins Einzelne hinein beim Schreiben durchsichtig und anschaulich macht und — ein Schreiben ohne die Gefahr unberechenbar vieler orthographischer Fehler Silbe für Silbe, Wort für Wort möglich ist.

Sprach ich zuletzt vom Wachhalten der Lesekraft, so muß ich nochmals zum Erwecken derselben zurückkehren. Es giebt außer dem Zergliedern mit Zusammensetzen noch ein Mittel. — Dies ist das Vorlegen

---

*) Ich verstehe darunter alle, in welchen das Kind mit den Lauten und nicht mit den Buchstabennamen bekannt gemacht wird.

von allereinfachstem und auch sonst leichtestem Lesestoffe, nachdem der Schüler die zur Zeit in Anwendung kommenden Lautrepräsentanten (Buchstaben) sicher erlernt hat und schnell nennen kann. Der einfachste Lesestoff besteht aus nur zwei Lauten. Darunter ist wieder derjenige der allerleichteste, welcher dem Schüler Zeit läßt, beim Aussprechen des ersten den zweiten zu erkennen, und darnach lückenlos in seine Organstellung überzugehen, wobei die Oekonomie, die unsre Sprachwerkzeuge beim Sprechen beobachten, die Auswahl des Stoffes mit entscheidet. Wir sprachen hierüber bereits, als unlängst vom leichtesten Lehrstoffe gehandelt wurde. Der allerleichteste Stoff sind Silben mit gedehntem Vocale als erstem und einem Mitlaute, der nicht Halbvocal ist, hinten. — Die Schreiblernleichtigkeit darf die Wahl nicht in erster Reihe bestimmen. Siehe den Anfang meiner Fibel! An solchem leichtesten Lesestoffe vermag Jeder, der nur lesen und die einzelnen Laute — (nicht Buchstabennamen) nennen kann, in einem einzelnen Kinde die Lesekraft zu erwecken auf erster Stufe. Dieses Verfahren hat folgende Vorzüge: 1. Es macht das Platzgreifen eines Helfersystemes im ausgedehntesten Maaße möglich, über die Räume und Kräfte der Schule hinweg bis ins elterliche Haus vor Beginn der Schulzeit.

Ich kann versichern, daß ich ältere Schüler, wie man sie auch in jedem Dorfe in Bezug auf Befähigung findet, als Helfer ohne vorherige Unterweisung in Dienst stellte und andauernd durch den ganzen Cursus darin beließ. (Vorgreifend bemerke ich hier, daß solches kräftige Helfersystem auch in Bezug auf meine Methode der Behandlung des gesammten ersten Sprachunterrichtes leicht und segensreich möglich ist.)

2. Es ist dieses Verfahren dasjenige, welches auch den allerschwächsten und allerblödesten Kindern gegenüber anwendbar ist. —

Der Lehrer hat einfach dem Kinde zu sagen: „Sprich nach dem ersten Laute schnell den zweiten aus!" Gelingt lückenloses Anschieben nicht, so wird es öfter versucht. Gelingt es noch nicht, dann macht es der Lehrer vor. Etwas Andres bleibt schließlich bei keinem Verfahren übrig! — Diese Behandlungsweise ist besser, als jede andre, schwachen Kindern gegenüber. Auf das Zerlegen der Silben lassen sich die allermeisten Kinder aller Orten anfangs nicht ein, was im Wesen des Kindes und der Höhe der Forderung seinen Grund hat, wie auch in meist ungeschickter Stoffwahl. Weil man nun eben das Zergliedern als einzig möglichen guten Anfang hinstellte, darum fand das Verfahren nicht allgemeinste und freudige Aufnahme und um so weniger, seitdem das Schreiben mit verlangt wurde vom ersten Tage ab.

So viel ist indeß wahr: Als einziges Verfahren, die Lesekraft zu erwecken, und durch alle Stufen erstarken zu lassen, ist das eben besprochene des bloßen Lesens vom allereinfachsten und -leichtesten Stoffe aber nicht zu billigen. Es vermag Lesekraft zu geben; aber nur auf erster Stufe, und in ihm liegt fortwährend die Gefahr, daß bei Fortsetzung des Unterrichts der Schüler nicht mehr sich der einzelnen Laute bewußt bleibe und so aneinander schiebe, weil es im Wesen des Lesens nach der Lautmethode liegt, Buchstabe und Laut praktisch zu identificiren. — Es muß ihm Zergliedern zur Seite laufen, verbunden mit Lesen oder Schreiben; am besten mit Letzterem.

Nachdem ich jedem Verfahren, den Schüler zum Lesen zu bringen, unpartheiisch sein Recht wiederfahren ließ, möge hier noch das Urtheil eines erfahrenen Schulmannes folgen. Herr Seminardirector Goltzsch sagt Seite 46 und 47 seiner „Anweisung zum grundlegenden Lese-, Schreib-, Rechen- und Schönschreibunterrichte": „Nach so vielen verdienstvollen Bemühungen um den Leseunterricht sollte es doch endlich so weit gekommen sein, daß man nicht mehr die wunderlichen Fragen hörte, ob man beim Leseunterrichte solle **buchstabiren** oder (nach Stephani) **lautiren**, oder (nach Krug, Graser, Wurst) **elementiren**, oder (nach Jacotot) **analysiren** lassen, und daß man nicht mehr gedankenlos und beliebig das Eine oder das Andre in Anwendung bringe. Es liegt in der Natur der Sache, daß bei einem gründlichen Leseunterricht sowohl **lautirt** (d. h. jeder Laut von den Kindern wirklich einzeln hervorgebracht), als **elementirt** (d. h. von jedem Bestandtheil einer Silbe eine selbstständige klare Vorstellung gewonnen werde), als auch **analysirt** (d. h. das Ganze der gelesenen Silbe in ihre Bestandtheile wieder müsse aufgelöst werden), als endlich auch **buchstabirt** (d. h. die sichtbaren Zeichen für jeden Laut aufgefaßt und benannt) werden müsse. Jeder Leseunterricht, bei dem **Eins** von diesen **Vieren** verabsäumt und für unnöthig gehalten wird, ist **ungründlich** und **unzureichend**, und die üblen Folgen dieser Versäumniß erstrecken sich bei den meisten Kindern, namentlich der Dorfschulen, durch ihre ganze Schulzeit hindurch, und werden selbst durch zahlreiche unerquickliche Lehrstunden in der Oberklasse, in denen nur Lesefertigkeit und Rechtschreibung bezweckt wird, ja durch Belastung des Lectionsplans der Dorfschule mit ganz besondern, völlig überflüssigen Unterrichtsobjecten, als da Orthographie und Schönschreiben sind, nicht durchgängig bei allen Kindern trotz des übermäßigen, fast nur auf Wegräumung zahloser Fehler und Mängel verwendeten Aufwands von Zeit und Kräften genügend beseitigt."

In wiefern ich mit Vorstehendem nicht übereinstimme, wird sich später ergeben. Ich halte dafür: „**Buchstabirt**" darf gar nie während des elementaren Leseunterrichtes werden, wenn man darunter das Nennen der Buchstabennamen versteht. Der Grund kommt später!

§ 5. Die wachsende Lesekraft.

Die eben besprochene erste Stufe alles Leseunterrichts, auf welcher das Kind befähigt wird, zwei Laute aneinander zu setzen, möchte ich kurzweg die der Lesekraft nennen. Zu ihr muß das Kind die Fertigkeit mitbringen und in ihr stärken, blitzschnell beim Anblicke der Buchstaben die bezeichneten Laute nennen zu können. — Ich rathe, immerhin während der ersten acht Wochen in jeder Lesestunde einige Minuten darauf zu verwenden, die Laute beim Vorzeigen der einzelnen Buchstaben in Schreib= und Druckschrift „aufsagen" zu lassen. Ist das Mittel auch alt und wenig geistreich, so ist es doch bei allen und namentlich schwachen Kindern äußerst zweckdienlich.

Sehen wir jetzt die vier Unterstufen an, welche jeder Schüler durchläuft, ehe er Lesefertigkeit (Wörterlesefertigkeit) erlangt. 1. Am Ende der besprochenen ersten Stufe muß das Kind befähigt sein, zwei Laute mit dem Auge als Einheit zu fassen. 2. Es wird nun ein dritter angeschoben als zweiter Baustein der Silbe. — 3. Hiernach lernt das Kind den nicht mehr einfachen Auslaut als Einheit fassen (z. B. sa—gst) und als zweiten Baustein dem andern Theile der Silbe anfügen, später auch den nicht mehr einfachen Anlaut (z. B. pflü—gst). Ich möchte diese Stufe die der **Lauthäufungs=Lesefertigkeit** nennen. — Hierbei ist wiederum anzurathen, seiner Zeit die im Deutschen vorkommenden Consonanthäufungen im An= und Auslaute einzeln, d. i. abgesondert von Silben, einige Minuten in jeder bezüglichen Lesestunde „aufsagen" zu lassen. 4. Die nächste Stufe ist die, welche das Kind befähigt, die **ganzen Silben** als Einheiten mit dem Blicke zu fassen. Man könnte sie die der **Silbenlesefertigkeit** nennen.

Zu bemerken ist über diese vier Stufen: Erst tritt des Schülers Lesekraft der ersten Stufe an das Material der zweiten und erstarkt daran zur bezüglichen Fertigkeit. **So durch alle Stufen!** Das Mittel, Fertigkeit zu erzielen, ist: Uebung, d. i. wiederholtes Lesen derselben Buchstaben, derselben einfachen Lautverbindungen, derselben Consonanthäufungen, derselben Silben. — Ebenso wird Wortlesefertigkeit, schlechtweg allgemein „Lesefertigkeit" genannt, nur durch unendlich häufiges Lesen derselben Wörter erzielt, die in ihrer Vollendung als sich über alle deutschen Wörter erstreckend gedacht werden mag. Einen wohlgemeinten Rath meine ich hier nicht verschweigen zu dürfen: Man nöthige den Anfänger beim Lesen zweisilbiger Wörter leichtesten Baues (lose, lüge)*) nie zum Wiederholen beider Silben, damit ihm beide als ein Wort entgegentreten. Geschieht dies, drängt man ihn so, so wendet bald darnach der Schüler seine Lesekraft nicht mehr an, und da er nicht Lesefertigkeit hat, so will er errathen. Um den Inhalt des einzelnen Wortes dem Kinde nahe zu bringen, behufs Examinirens oder Lehrens, bringt es der Lehrer nach dem Lesen des Schülers sofort in seiner **Frage** nach dem Inhalte an und corrigirt oder tadelt nicht die lange Pause zwischen den Silben, welche sein Schüler machte. Bei dem angerathenen Verfahren spornt er indirect das Kind; während er auf dem andern es

---

*) I H.=Ab. meiner Fibel § 5.

entmuthigt und oft auf lange von der Selbstthätigkeit, der Anwendung seiner im Keime befindlichen Lesekraft, abhält. — Die besprochene Sache kann kleinlich scheinen; ist aber in der Praxis unendlich wichtig. Aller-Anfang ist schwer, das Schwerste! Im Anfange alles Unterrichts ist nichts kleinlich, nichts unwichtig! Daß das getadelte Drängen zur Eile tödtendes Gift für die Lesekraft sei, hat der Verfasser innerhalb funfzehn Jahren in fast doppelt so viel vollen Lehrcursen erfahren und die ihm vielfach zugeführten Kinder, die bei vorgerückten Jahren noch nicht lesen konnten, stets durch ein entsprechendes Verfahren, mit Zurückgehen auf die bezeichnete Unterstufe, durch Wachrufen der Lesekraft sicher und schnell zum mechanischen Lesen gebracht. — Junger Lehrer, im Anfange jedes, und namentlich auch des Leseunterrichts rufe dir stets zu: „Eile mit Weile!"

§ 6. Der elementare Lesestoff.

Ueber das Material ist im Allgemeinen zu sagen: Das beste scheinen um des Inhalts willen ganze Lesestücke, Geschichtchen u. dgl. zu sein, wenn nur sich solche vorfinden oder machen lassen, welche die erwähnten methodischen Leserücksichten nehmen. Daß dies mindestens auf der ersten Stufe unmöglich sei, leuchtet ein. — Der nächstbeste Lesestoff würde in Sätzen zu finden sein, aber wieder nur, wenn die Abstufung nach Leseschwierigkeiten beim Bau die Wörterwahl leitete. Das ist möglich! — Man täusche sich aber nicht über die Weise, wie Sätze dem Schüler als elementarer Lesestoff mehr nützlich werden, als zusammenhanglose Wörter. Sie können nur nützlicher werden, brauchen es aber noch nicht! Es ist wahr, der Inhalt des einzelnen Wortes wird im Satze dem Kinde schneller nahe treten können unter selbstverständlicher Beschaffenheit des Satzinhaltes, als das zusammenhanglose, und es ist — die Mittheilung eines für die Bildungsstufe des Schülers faßbaren Gedankens mehr werth, als ein bloßes Wort. Aber — versteht das Kind, welches mit Noth und Mühe die Laute langsam aneinander reiht, im Lesen den Satz als solchen? Auf den untern Lesestufen beim ersten Lesen niemals. Erst der Lehrer, welcher nach dem Lesen den einzelnen Satz schnell und mit Betonung spricht und dann seinen Inhalt examinirend und belehrend behandelt, bringt dem Kinde den Satz als Ausdruck eines Gedankens nahe. So giebt erst die Behandlung des Lehrers dieser Stoffwahl auf dieser Stufe den Vorzug vor zusammenhanglosen Wörtern.

Auf spätern Stufen liest der kleine Schüler bereits schneller und kann dabei den Zusammenhang der Wörter schon fassen. Hierbei liegt aber jedem und zumeist dem befähigten Kinde die Gefahr nahe, den Inhalt des Satzes errathen zu wollen. Das ist eine Beeinträchtigung der Entwickelung seiner Lesefertigkeit, — weil eine Verleitung zum Ruhenlassen der Lesekraft, weil eine Verleitung zur Leichtfertigkeit.

Mir folgt aus dieser Sachlage das: Der Schüler darf in seiner Fibel vom Anfange ab Paragraph für Paragraph nur Sätze zu lesen bekommen, welche aus Wörtern gebaut wurden, die er theils bereits früher las oder dem jedes**maligen Paragraph im Bau entsprechen,** an welche er also mit leiblicher Lesefertigkeit der vorgehenden Unterstufen tritt. So sind sämmtliche Sätze meiner Fibel gebaut. — Sind die Sätze nicht so combinirt, so muß ich sie entschieden verwerfen, da der Lesezweck, nicht das Mittheilen von Kenntnissen im elementaren Theile der Fibel der erste und oberste Bauleiter ist. — Vielleicht liegt im Bau meiner Sätze eine Vermittelung in dem Streite, welcher darüber geführt wird, ob im elementaren Theile der Fibel, d. i. der eigentlichen Fibel, einmal bedeutungslose Silben und dann nur unzusammenhängende Wörter auftreten dürsten oder Ersteres gar nicht und Letzteres möglichst wenig und statt dessen Sätze. In beiden sich gegenüberstehenden Lagern standen und stehen Pädagogen von hohem Rufe. Die, welche auch sogenannte bedeutungslose Silben u. s. w. zulassen, sagen, der Inhalt störe das Kind in der Lesethätigkeit. Ich behauptete § 3 dieses Abschnittes auf Grund langjähriger Erfahrung, daß dies bei zusammenhanglosen Wörtern allerdings geschehen könne, und fordre drum als ersten Lesestoff einzelne Silben, und unlängst wies ich in diesem § nach, wie der Inhalt des Satzes auf den ersten Lesestufen dem Kinde im nur möglichen langsamen Lesen gar nicht von selbst nahe trete, und endlich wie in der von mir bezeichneten Bauart der Sätze die Gefahr für das Kind, die Wörter errathen zu wollen, beseitigt werde, also auch die Ableitung von der Lesethätigkeit durch den Inhalt.

Ueber den Lesestoff im Besondern ist noch in Kürze zu bemerken:

1. Silben mit mehrfachem Auslaute früher zu nehmen, als solche mit mehrfachen Anlauten, dafür sprechen mehrere Gründe. Einmal stehen beim Auslaute alle Conjugationsformen der Verben zu Gebote, also eine große Menge Wörter mit demselben Schlusse t, st, — (rast, tost, rufst, kaufst) und so kann man das Kind überhaupt zur Zunahme noch eines Lautes ermuthigen, während die Zahl der Wörter mit demselben mehrfachen Anlaute sehr beschränkt ist, zumal wenn noch andre methodische Rücksichten*) die Wahl verengert, die Zahl verringert. Ferner ist es auch besser, daß die Schwierigkeit des Lesens (Anfügens) eher hinten an der Silbe liege, als vorn; was sich aus der Natur des blöden Anfängers ergiebt. Kommt darnach der mehrfache Anlaut daran, so ist das Kind bereits am Auslaute geübt.

2. Ueber das Erwerben der Silbenlesefertigkeit ist im Besondern noch zu sagen: Die Fibel muß sämmtliche Ableitungssilben in Bei-

---

*) Solche Rücksicht verweist bei mir die Wörter mit mehrfachem Anlaute gar in 2 Abschnitte der Fibel (I H.-Ab. § 15. und II H.-Ab. § 4.).

spielen vorführen. So lernt der Schüler dieselben bald mit einem Blicke erfassen, was von Bedeutung ist, da sie oft auftreten. Doch wir kommen auf diese Silben noch zurück!

§ 7. **Prüfstein, ob der relative Leseunterricht gut war.**

Es kann Jemand lesen gelernt haben und nach absolvirtem elementaren Leseunterrichte ganz gut lesen, und der Gang kann dennoch ein höchst tadelnswerther sein, bloß auf den Lesezweck den Blick gerichtet. Ich sehe dabei ab von dem Verleiten zur Leichtfertigkeit, vom Anleiten zum Errathen, zum Einprägen der Wortbilder ohne klare Auffassung der Elemente derselben. Die Probe, ob der Unterricht gut war, liegt in der Befähigung des Kindes, nachher jedes Buch, dessen Inhalt außerhalb seiner Fassungskraft liegt und jedes Wort, auch Eigennamen und Fremdwörter, lautrichtig den deutschen Lesegesetzen gemäß zu lesen. Ein Buch in lateinischer Sprache wird also fast ohne Fehler gelesen werden können! Das ist ein rechtes Examen bei der Versetzung aus der untersten Klasse; nicht das Lesen der memorirten Fibel! Nur der so unterrichtete Schüler kann wirklich lesen und ist in Bezug auf Orthographie nicht verdorben! Nicht jede Methode führt so zum Lesen, dabei kann sie immerhin sogar schnell dazu bringen! Leseübung an solchem Stoffe, der vom Einfachen zum Zusammengesetzten, genau abgestuft nach Lauthäufungsschwierigkeiten, den Schüler überall ununterbrochen selbstthätig sammelnd, d. i. in Wahrheit lesend, verfahren läßt und ihn gradatim von der einfachsten Art Lesefertigkeit an (§ 5 dieses Abschn.!) bis zur Wortlesefertigkeit, dem blitzschnellen Auffassen der ganzen Wortbilder, erstarken und heranreifen läßt, ist in Verbindung mit fortlaufendem Zergliedern der einzige Weg zur Bildung solcher, also guter Leser! Ueben giebt Fertigkeit; Zergliedern erhält die Lesekraft! — — Einen geradern Weg, zur mechanischen Lesefertigkeit zu kommen, giebt es nicht; wohl aber Umwege. Welches sind diese, da doch so viele Erwachsene lesen können, die man so nicht führte?

Das von mir § 4 dieses Abschnittes angeführte Wort von Herrn Goltzsch deutet die Correctur solcher verpfuschten Leser an. Späterer Unterricht muß die Schäden der unrichtigen Methode des elementaren Leseunterrichtes nach jahrelangem Kranken und Hinken ausbessern. Namentlich fällt diese Arztrolle nach und unter vieler und langer Qual des Lehrers und Schülers dem orthographischen Unterrichte zu, mag er in einer Weise ertheilt werden, wie sie immer sei. Ich meine, beim Schreiben erst lerne dann der Schüler wahrhaft lesen. — So kann man sich über die Zweckmäßigkeit einer allgemein für gut gehaltenen Methode täuschen! Bei denen, welche eine fremde Sprache erlernen, übernimmt das Lesen der unbekannten Wörter diese Stelle; da heißt es: Selbstthätig verfahren! Da giebt es kein Errathen!

§ 8. **Die drei Arten der Schwierigkeiten im elementaren Leseunterrichte.**

Wir begleiteten den angehenden Leser aber erst (in § 5) bis zur **Silbenlesefertigkeit.**

Dabei ist hervorzuheben nöthig, welche Arten Schwierigkeiten überhaupt dem Schüler im gesammten elementaren Leseunterrichte entgegentreten.

Es giebt keineswegs nur **eine** Art, nämlich die bisher allein von uns und zwar in vier Stufen beleuchtete, die der **Lauthäufungsschwierigkeit.** Die Betrachtung der Silbe führt auf die der **Silbentrennung** und die des Wortes auf eine dritte Art, die der **Silbenbetonung.** Richten wir nun auf die beiden letzten Arten unsre Blicke! Auf die Laute und Buchstaben müssen wir später zurückkommen und ihnen einen ganzen Abschnitt einräumen.

§ 9. **Die Silbentrennung in einfachen Wörtern.**

Die Leseschwierigkeiten, welche aus Lauthäufung entstehen, finden sich nur in den Hauptsilben. Wollen wir von der Silbentrennung reden, so müssen wir unsern Blick den Nebensilben zuwenden. Sie sind nach ihrer Stellung zur Hauptsilbe entweder Vor- oder Nachsilben. Im Blick auf Sprachbildung theilt man die Silben in Wurzel-, Stamm- und Ableitungssilben. Bei den drei Klassen von Begriffswörtern spricht man von Declinations-, Conjugations- und Comparationsendungen. Im Sprechen, also auch im Lesen, theilen wir die Wörter nicht nach sprachlicher Ableitung des einen vom andern und nach Umwandlung des Wortes Behufs des Ausdruckes der verschiedenen Beziehungen der Wörter zu einander im Satze ab. **Sprach-** und **Sprechsilben** fallen zusammen a. bei den **Ableitungssilben,** b. bei der Bildung des **Superlativ** (der dritten Vergleichungsstufe). Die Ableitungssilben sind: 1. Die Vorsilben: be, ge, ur, erz, er, ver, zer, ent, emp, un, ur, ant, miß und 2. die Nachsilben: bar, sal, sam, heit, keit, lein, ei, —er, en, ern, chen, ig, lich, icht, isch, haft, schaft, niß, sel. Wir haben im Leseunterrichte also die Nebensilben, in zwei Gruppen getheilt, uns anzusehen. In der ersten Gruppe fallen die Sprech- und Sprachsilben **nicht** zusammen; in der zweiten ist dies der Fall.

Erste Gruppe: Alle zweisilbigen Wörter in ihr werden durch die einzige Regel geleitet: Nur ein Consonant (natürlich der letzte) gehört zum Vocal der Nebensilbe. st (nicht ſt)*) ist als einfaches Consonant-

---

*) Die Neuerung einiger Kalligraphen von Fach, den Buchstaben ſt ganz fallen zu lassen und stets st zu schreiben, beweist mir nur Unkunde mit der Orthographie. Wir schaffen damit den Kindern Leseschwierigkeit. Durch die Wahl eines einfachen Zeichens für die Laute ſ und t bezeichnet die Schriftsprache einmal die oben erwähnte Silbentrennung und zweitens den Vocal der Hauptsilbe als geschärft. Consequent müßte dann r und z verschwinden.

zeichen aufzufassen. Besondere Beachtung verdienen chs, ng, nk und bei antiquirter Schreibweise pf und sp. — Zu bemerken ist noch, daß die Nebensilbe den Vocal e hat. — (Siehe meine Fibel: I. H.=Ab. §. 12. § 18 und II. H.=Ab. § 3, 4.)

Was die Wörter mit mehr als zwei Silben anlangt, so zeigt ein Blick auf sie, daß hier keine neue Schwierigkeit auftritt. (S. meine Fibel I. H.=Ab. § 19, 20 und II. H.=Ab. § 10.) Diese kurze Betrachtung ergiebt, daß das Silbentrennen dem kleinen Leseschüler nicht schwer werden kann, wenn die Fibel beide Gruppen gesondert vorführt. (In meiner Fibel sind die der ersten Gruppe im I. H.=Ab. § 1—13, 15—19 und im II. H.=Ab. § 1—11.) Die Wörter mit chs, ng und nk müssen abgesondert vorgeführt werden. — So lesen sich die Kinder die Trennungsregel ein!

Wenden wir uns zur zweiten Gruppe!

Die Ableitungssilben sind entweder Vor= oder Nachsilben. Die Vorsilben schließen mit einem Consonanten oder mit mehreren, mit Ausnahme vor be und ge. Die Nachsilben beginnen entweder mit einem Consonanten oder mit einem Vocale. Mit letztern z. B. vor ig, icht, isch, ung, en, er, ern. Zu den letztgenannten Nachsilben geht der letzte Consonant der Hauptsilbe hinüber.

Soll der Anfänger im Lesen nicht Consonanten der Hauptsilben zu be und ge ziehen (z. B. beg—raben), ferner nicht von den Vorsilben hinten mit zwei Consonanten den letzten zur Hauptsilbe nehmen (z. B. en—terben), so müssen ihm in der Fibel die Vorsilben vorgeführt werden in besondern Wörtersammlungen. Bei der Vorsilbe er ist es zur Unterscheidung von Pron. pers. er auch noch nöthig wegen der verschiedenen Aussprache des Vocales. Orthographische Rücksichten aber fordern die Vorführung sämmtlicher Nach= und Vorsilben, worüber später! (S. meine Fibel I. H.=Ab. § 14, 20 und II. H.=Ab. § 12, 13 und auch § 15.)

Nach Silbentrennungsgesetzen die Wörter der Fibel stufenmäßig geordnet, so liest sich das Kind die Vor= und Nachsilben ein. Bringt die Fibel die Wörter mit den einzelnen Vor= und Nachsilben nicht getrennt, so muß der Anfänger errathen! — Eines besondern Unterrichtes über Silbentrennung bedarf der Schüler bei solcher Einrichtung des elementaren Lesebuches nicht, eben so wenig hat man zu dem Zerhacken der Wörter in Silben, wie es hier und da noch beim Satzlesen angerathen und geübt, ja in der Fibel dargestellt wird, seine Zuflucht zu nehmen. „Wie wird sich aber dein Schüler", so könnte man mich fragen „später in den Geschichtchen der Fibel und in andern Büchern mit der Silbentrennung zurecht finden?" Diese Frage würde auf unachtsames Lesen vorliegenden Buches schließen lassen. Das allgemeine Gesetz bei Abtheilung nach Sprachsilben, den letzten Consonant der Hauptsilbe zur Nebensilbe hinüberzuziehen, hat sich bei Anordnung des Lesestoffes in angerathener

Weise bis zur Unverlierbarkeit eingeprägt; die beiden Arten Ableitungs=
silben aber faßt das Kind alsdann längst als Einheit mit dem
Auge auf.

§ 10. **Silbenabtheilung in Compositis.**

Die zusammengesetzten Wörter bieten als solche keine neue Schwie=
rigkeit beim Silbenabtheilen. Ist das Compositum mehr als zweisilbig,
so liegt wohl in der größern Silbenzahl bei der Schwäche und Flatter=
haftigkeit des Kindes eine Leseschwierigkeit **überhaupt**, nicht aber im
Abtheilen. Das längst eingeprägte Gesetz: „So viel Vocale, so viel
Silben hat ein Wort," wird und muß auch hier den Leser leiten, sobald
man die Composita ganz zu **Ende** der elementaren Leseübungen auftre=
ten läßt. Manches für ihr baldiges geläufiges Lesen wird sich thun las=
sen durch das Aufstellen von Wörtersammlungen mit Wörtern, deren
einer Theil gern und oft Composita bildet, z. B. in, durch, ab, an.

NB. Daß wir s neben f und ß neben ss haben, ist eine Erleichterung beim Tren=
nen und deshalb festzuhalten.

§ 11. **Silbenbetonung (Accent) in einfachen Wörtern.**

In jedem einfachen Worte hat eine und zwar die Hauptsilbe den
Ton oder Silbenaccent. Das Compositum hat a. auf der Hauptsilbe
jedes seiner Theile diesen Accent und b. der erste Theil der Zusammen=
setzung, das sogenannte Bestimmungswort. Es hat gleichsam den Werth
der Hauptsilbe und das Grundwort den der Nebensilbe. Der Druck auf
den Hauptsilben Beider ordnet sich diesem unter.

Brächte eine Fibel in den Wörtersammlungen ihren Stoff sonst
wohl nach Leseleichtigkeit und =Schwierigkeit geordnet, nicht aber auch in
Bezug auf den Silbenaccent, so würde sie zu tadeln sein. Sie verlangte
dann vom schwachen Schüler erstens **Bekanntschaft mit jedem von
ihm zu lesenden Worte** (Wörterschatz im Kopfe!) und zweitens
schnellen Ueberblick übers ganze Wort. — Ersteres ist eine
Forderung, welche, genau genommen, den ganzen deutschen Wörterschatz
voraussetzt, und also nicht einen kleinen Sechsjährigen, sondern einen Er=
wachsenen, nein, sogar einen **gebildeten** Erwachsenen. Letzteres aber,
der Ueberblick soll eben an der Fibel und durch sie erst als letztes Ziel er=
reicht werden.

So folgt denn wohl, die Fibel müsse nach **Betonungsschwierig=
keit** abgestuft sein. Ist sie es nicht, so stößt man das Kind bei nach=
gewiesenen nicht zutreffenden Voraussetzungen auf den Weg des Errathens,
also des Strauchelns. Der Lehrer hat dabei fort und fort zu corrigiren,
und der Schüler verliert die Zuversicht zu seiner Kraft. Was das zu
bedeuten habe, brauche ich Lehrern nicht zu sagen!*) Einlesen an
stufenmäßig geordneten Wörtern, nicht Regeln!

---

*) Vom fälschlich vorausgesetzten vollen Wörterschatze im Köpfchen des Kindes,

Nach Betonungsschwierigkeiten die Wörter sichten, das fällt im Allgemeinen mit dem nach Silbentrennungsschwierigkeiten, wie ich Letztere im vorigen §. aufstellte, zusammen.

Im einfachen Worte hat den Accent:
1. Stets die erste Silbe, wenn diese nicht eine Ableitungsvorsilbe ist. — Diese Ableitungsvorsilben sind: be, ge, — erz — — er, ver, zer, ent, emp.
2. Anstatt der Stammsilbe aber haben den Ton folgende Ableitungsvorsilben: ur, — ur, un, ant, miß und im Worte Erzbischof die Silbe erz, wie auch in Erzherzog.
3. Anstatt der Hauptsilbe hat den Ton: die Ableitungssilbe ei. Als Ausnahme von Nr. 2 sind zu merken: unsäglich, unendlich, unverbrüchlich.
4. Die Stammsilbe hat ihn wieder in un er, un zer.
5. Wechselnd, je nach dem Sinn, den man hineinlegt, ist er in un zer und un be.
6. Es sind noch zu erwähnen: Gebet, gebet, behend, lebendig. Die zu betonende Silbe ist in meiner Fibel wie hier durch gesperrte Schrift gekennzeichnet.

§ 12. Silbenbetonung in zusammengesetzten Wörtern.

a. In zusammengesetzten Wörtern hat im Allgemeinen den Hauptaccent: der erste Theil der Zusammensetzungen, das Bestimmungswort, und natürlich darin wieder diejenige Silbe, welche ihn in dem betreffenden einfachen Worte hat, z. B. Butterfaß, Bedürfnißfrage, Unglücksprophet, Färbereibesitzer.

b. Im Besonderen aber ist über die Betonung zu bemerken: Statt des Bestimmungswortes hat das Grundwort den Ton: Bei den Wörtern, deren Grundwort ein Verbum und deren Bestimmungswort eine Präposition ist, z. B. übereilen. Der erste Theil der Zusammensetzung erscheint gleichsam nur als Vorsilbe und ist durch die ganze Conjugation des Zeitwortes untrennbar, gleich einer solchen, z. B. ich übereilte mich, ich habe mich übereilt u. s. w.

c. Oefters hat die Sprache Verben, in denen das Verhältnißwort gleichsam als Vorsilbe auftritt neben der loseren Verbindung im eigentlichen Composito, z. B. umgehen neben umgehen. Natürlich ist der Inhalt des Wortes darnach auch ein andrer.

d. Wir haben auch außer den Verben Wörter, in welchen der zweite Theil betont wird, als: allerdings, absichtlich, durchaus, überdies, jedoch, dieweil, zuweilen, indem, anstatt. Doch

vorausgesetzter Lesefertigkeit und vom Errathen werde ich noch öfter zu sprechen haben, wie ich bereits schon mehrmals davon handelte, eigentlich fort und fort, obwohl unausgesprochen. Ich erinnere an das Princip, das dem ganzen Theil (vom Lesen allein) vorgedruckt ist.

unter den Compositen, deren Grundwort ein Substantiv oder Adjectiv ist, findet sich keines der Art, so viel ich weiß.

e. Der Sinn des Wortes im Satze nach Absicht des Sprechers ändert natürlich auch hier die Betonung, z. B. wobei, wobei (Frage neben Rückbeziehen!), dabei, dabei, wozu, wozu, dazu, dazu, durchziehen, durchziehen, durch Ziehen.

f. Auch bei den drei Arten Begriffswörtern, den Ding-, Zeit- und Eigenschaftswörtern, läßt der Sinn, namentlich das Entgegenstellen, die Betonung umspringen, z. B. Ehrliebe ist nicht Ehrgeiz. — Der Sinn ändert auch so die Betonung der Vorsilben, z. B. Beschießen ist nicht Zerschießen.

g. Oft schwankt die Betonung, z. B. in absichtlich, absichtlich, ehedem, ehedem.

h. Die zusammengesetzten Zahlwörter bis hundert gehen nach der Hauptregel, z. B. achtzehn; die darüber hinaus, nicht, z. B. hundertfunfzig. Weil man auch Zahlen zusammen schreibt, wobei „und" zwei aneinander klammert, so kann hier noch bemerkt werden, daß bei solchen das letzte Zahlwort den Druck bekommt, z. B. achtundneunzig, hundertundfünfundachtzig.

Aus dieser kurzen Betrachtung der zusammengesetzten Wörter ergiebt sich Folgendes:

Die Hauptregel: „Betone das Bestimmungswort", regelt diejenigen Compositen, deren Grundwort zu den Begriffswörtern gehört, also die allergrößte Anzahl der deutschen Wörter. In andern Wörterklassen dagegen wird öfters der zweite Theil der Zusammensetzung betont, ja sogar auch bei einer der vorgenannten Wörterklassen. Und dies geschieht theils beständig und feststehend in dem einzelnen bestimmten Worte, theils aus verschiedenen Gründen im einzelnen mit der Betonung des Bestimmungswortes wechselnd. — Die mir vorliegende Materie zu erschöpfen, scheint mir unnöthig. Das Beigebrachte dürfte genügen, um zu nachfolgenden Betrachtungen Veranlassung und Beweis zu sein:

Tritt das zusammengesetzte Begriffswort nicht in Sätzen, sondern in Wörtersammlungen auf, so bietet es keine Betonungsschwierigkeit, und man braucht dazu nicht ein vollkommen fertiger Leser zu sein, denn es ist dann dem einfachen gleich. Selbstverständlich dürfen keine Composita, die in einem ihrer Theile eine Vorsilbe haben, eher eingeführt werden, als die Vorsilben selber eingelernt, eingelesen sind. — Auch bietet die Rücksicht auf Silbentrennungsschwierigkeit das Zurückstellen der zu langen Wörter und auch wohl das von solchen Compositen, deren Theile noch nicht als selbstständige Wörter gelesen wurden.

Die zusammengesetzten Verben, in welchen das Bestimmungswort nur den Werth der Vorsilbe hat, dürfen im elementaren Lesestoffe nicht mit den andern vermengt auftreten, weil sie der Hauptregel bei einfachen und zusammengesetzten Wörtern zuwiderlaufen.

Composita aus den Formwörtern dürfen sich eben so wenig mit den andern Wörtern vermischt dort vorfinden, sobald sie der Betonungshauptregel, die erste Silbe jedes Wortes zu betonen, nicht folgen. — (Wo ich in meiner Fibel ein oder das andre Mal verstoße, da hilft die Bezeichnung durch den Druck.)

Durch Aufstellung von Wörtersammlungen, die auf die verschiedene Betonung Rücksicht nimmt, dürfte sich für den Schüler Manches thun lassen, ihm einen Anhalt zu bieten (s. II. H. meiner Fibel § 15). Im Ganzen aber wird Alles, was Ausnahme in der Betonung ist, beim Lesen zusammenhängender Rede zu erledigen sein, wobei dem Kinde die Bekanntschaft mit der Sprache überhaupt als Führer und die Belehrung des Lehrers über den Sinn als Correctiv dienen wird. Wenn ich hier auf die Bekanntschaft mit der hörbaren Sprache zurückgehe, so ist nicht zu vergessen, daß, beim Lesen zusammengesetzter Rede angelangt, das Kind annäherungsweise mechanischfertiger Leser ist, d. h. die ganzen Wörter bald übersieht. Im elementaren Theile der Fibel dürfen Wörter mit regelwidriger Betonung sich nicht gemischt mit andern vorfinden. — — (Treten in meiner Fibel solche einmal auf, so ist die Betonung durch den Druck bezeichnet.)

Ueber die Wortbetonung im Satze zu sprechen, liegt außerhalb des Zweckes meiner Schrift.

III. Abschnitt.

Leseschwierigkeiten, veranlaßt durch Methode und Bau der Fibeln nebst ihrer Beseitigung.

---

§ 1. Die Anzahl der Laute und Buchstaben.

Wer wollte es in Abrede stellen, daß die Anzahl Buchstaben, die im Vergleich mit den repräsentirten Lauten eine mehrfach größere ist, dem kleinen Anfänger das Lesenlernen sehr erschwert? Nicht will ich sagen, man solle sämmtliche Schreibbuchstaben erst lehren nach absolvirtem elementaren Theile der Fibel, wie es zur Zeit der Buchstabirmethode wohl geschah. Nicht nur das Entstehen der einen Art aus der andern und die daraus kommende sehr große Aehnlichkeit*) gestattet, sondern höhere sehr gewichtige Rücksichten fordern das Lehren beider Arten vorher. —

---

*) Den genauern Nachweis kann ja Jeder sich selbst führen, weil die pädagogische Welt jetzt wohl über das Geforderte einig ist.

Ebenso erleichtert die theilweise sehr große Aehnlichkeit der Groß- und Kleinbuchstaben das fast gleichzeitige Erlernen beider, und triftige Gründe machen ein baldiges Auftreten der Großbuchstaben sehr wünschenswerth.

Wenn wir somit aber jedenfalls das Gedächtniß des kleinen Anfängers schon stark genug beanspruchen, so ist es sicher nicht gerechtfertigt, noch unnöthig ihm Schwierigkeiten zu machen, wie Unnützes ja niemals gerechtfertigt werden kann. Weshalb haben wir im elementaren Theile der Fibel die zweifachen Zeichen für denselben Laut nöthig? Es darf für jeden Laut nur je ein Zeichen auftreten. Dies giebt bei Druck- und Schreibschrift in Klein- und Großbuchstaben doch schon je vier. Sie wären gerechtfertigt, wenn ohne sie nicht genügender Lesestoff geboten werden könnte. Diese zwei- und mehrfachen Zeichen sind: f F und v V ph Ph —, t T th Th, — chf chs, ks und k r, — z Z und c C, — k K und c C, ch Ch, — w W und v V, — ei Ei und ai Ai, — eu Eu und äu Äu, — ü Ü und y Y.

Es kann keine Frage sein, welche Buchstaben man an den Schluß des elementaren Theiles der Fibel zu verweisen habe. Mit Ausnahme des Aeu sind jedes Mal die Buchstaben nach „und" in meiner Aufstellung aus der lateinischen oder griechischen Sprache uns zugekommen. Aeu hat seinen Grund in dem Zusammenhange der betreffenden Wörter mit solchen, die au haben (in Declination und Ableitung) und ai ist ursprünglich fremdländisch, und darnach in wenige deutsche Wörter eingeführt. Lehrt man anfangs nur die normalen Zeichen f F, t T, z Z, k K, w W, ei Ei, eu Eu, ü Ü, so bleiben für 9 Laute und Lautverbindungen anstatt 41 nur 16 Zeichen. Das ist eine Ersparniß von 25 Buchstaben und Verbindungen *).

Um den großen Vortheil solchen Verfahrens noch mehr zu würdigen, ist daran zu erinnern, daß mehrere gleichaussehende Buchstaben verschiedene Laute bezeichnen, also das Kind im Lesen verwirren und sehr stören, z. B. c lautet z und auch k; — v lautet wie f und auch wie w. — Der Buchstabe p in ph ist dem Kinde als p bekannt und h als h, und jetzt sollen beide zusammen f lauten oder pf. Ebenso ist's mit th, chf, chs, äu u. s. w. — Die Fibeln unsrer Zeit verbannen nur theilweise die fraglichen 25 Buchstaben aus dem Anfange, wenige ganz an den Schluß der Wörtersammlungen, keine mir bekannte alle, nämlich nicht ai, äu, th. In der folgenden Abtheilung meines Buches wird sich zeigen, daß grade das Zurückstellen dieser drei mindestens ebenso nöthig sei, als das der andern zwanzig zusammengenommen! — Der Anfänger, ohne Ueberblick, faßt eu, äu, au, ei, ai, sch gern als je zwei Buchstaben, deshalb

---

*) Daß meine Fibel schon vornan ah, eh, oh ꝛc. bringt, heißt nicht, dem Schüler unnöthig mehr aufbürden!

sind möglichst wenige im Anfange zu nehmen, mithin äu, ai zu verwerfen.

Im Anschlusse an das eben Ausgeführte muß ich das Mitaufstellen der genannten 25 Zeichen auf der ersten oder zweiten Seite der Fibel im sogenannten Alphabete entschieden verwerfen. Man verleitet dadurch sowohl schwache Lehrer, als auch namentlich die zu Hause helfenden Eltern u. s. w., sie die jungen Anfänger sofort mitzulehren. (S. meine Fibel S. 3!) Aus Gründen, die noch nicht hierher gehören, weise ich auch ck, tz, h vom Anfange zurück, wenn auch nicht an's Ende hin.

NB. Ich kann mich hier nicht der Frage enthalten, was wir denn überhaupt seit Beseitigung der Buchstabirmethode mit dem Alphabete, als der üblichen Reihenfolge, in welcher man sonst die Buchstaben erlernte und sagte, zu schaffen haben. Ist nicht eine Anordnung nach Lautverwandtschaft vorzuziehen, also das Aufstellen aller Vocalzeichen nach einander und eben so das der Consonanten nach Verwandtschaft einerseits und nach Gleichartigkeit des bezeichneten Lautes andrerseits?

Jedenfalls aber müßte das Alphabet doch vollständig sein. Es fehlt jedoch j, sch, ß, die eben so gut Zeichen für einfache Laute sind, als die aufgeführten. Verwerflich ist ferner das vereinzelte Aufstellen des q; es kann und darf qu immer nur als Einheit auftreten, als Repräsentant der Lautverbindung kw. (S. meine Fibel I H.=Ab. § 15.)

3. Es ist eine Unvollkommenheit, daß die Laute J und Jota in der Druckschrift durch denselben Großbuchstaben bezeichnet werden und ein Fortschritt, daß wir sie in der Schreibschrift jetzt unterscheiden. Das ist aus Rücksicht auf Lesen und Orthographie entschieden festzuhalten. —

4. Die Abschaffung der einfachen Zeichen in der Schreibschrift für ff und ss (ff ss) als Fortschritt festzuhalten, da so die Zahl der Buchstaben vermindert wird und kein sprachlicher Hinderungsgrund entgegensteht.

5. So wohl vom Lese= als vom orthographischen Standpunkte aus muß ich es unangemessen nennen, wenn neuere Schreiblehrer das einfache Zeichen für die Laute f, t abschaffen und dafür st setzen. Die Sprache bezeichnet durch ersteres die Schärfung des voraufgehenden Vocales. — Man hat auseinander zu halten die dritten Personen: „ras't, kos't, las't, kos'te" und „Rast, Kost, Last, koste".

§ 2. Die drei G, die beiden Ch, St und Sp.

Wie in meiner Lautlehre erwähnt ist, haben wir im Deutschen drei g (nämlich g, g†† und g†††). Es ist ferner das gewöhnliche n von demjenigen zu unterscheiden, auf welches unmittelbar ein g oder ein k folgt. Es herrschen über diese verschiedene Aussprache Gesetze in der Sprache. Um sie dem Kinde zum Bewußtsein zu bringen, übt es dieselben an besondern Stellen meiner Fibel (s. I. H.=Ab. § 14, II. H.=Ab. § 3 in der Mitte, § 4 und 5 am Ende). Das zweifache ch erledigt sich von selbst, indem der vorausgehende Vocal zu der rechten Aussprache zwingt, wie ich in der Lautlehre erwähnte.

In den Gegenden, in welchen man im Anlaute das st wie scht und

ſp wie ſchp ſpricht, muß man bei Vorführung der einzelnen Zeichen die=
ſelben auch ſo lehren.

§ 3. chs, qu.

Die ſich folgenden Buchſtaben chſ, chs lieſt man kſ, ks. Weil der
Schüler ch als ch und ſ, s als ſ kennen lernte, ſo muß ihm einmal beſon=
ders chſ und chs als Repräſentant der Lautverbindung ks vorgeführt
werden, und er hat ſolche Wörter in einer eignen Sammlung zu leſen.
Ich bringe ſie ſämmtlich im II. H.=Ab. § 3.

Weil das Kind das u als Repräſentant des Lautes u kennt, ſo muß
ihm qu als Einheit vorgeführt werden und es hat dieſe Lautverbindung
an Wörtern zu üben (ſ. I. H.=Ab. § 15 und II. H.=Ab. § 4, 5).

§ 4. e = á.

Wenn Leſen auf erſter Stufe einfach das Zuſammenſchieben der zu
einer Silbe gehörigen Laute in demſelben Lufthauche iſt, dann müßte der
Schüler Silbe für Silbe der im Laufe der Betrachtung nach Lauthäu=
fungs=, Silbentrennungs= und Accentſchwierigkeit abgeſtuften Fibel leſen
können, ſollte man meinen. Dem iſt nicht ſo! Wenn die Laute und
Buchſtaben in unſrer Sprache ſich deckten, ja dann! Dies iſt jedoch
nicht der Fall und auch wohl in keiner!

Von dieſem „Sich decken" wird in vorliegendem und den nächſten
§§. die Rede ſein, und ich bitte den freundlichen Leſer einmal um recht
genaue Prüfung deſſen, was ich vorbringen werde und dann um das Auf=
ſchlagen ſeiner Lieblingsfibel hierbei.

Eine an der ich wohl 15 volle Lehrcurſen praktiſch durchmachte und
die ich nach Prüfung vieler noch heute für die beſte halte, bringt nach dem
Alphabet in der erſten Zeile des erſten §. ein Wort wie „bete, rede,
lebe, fege".

Durch das Zerlegen der Wörter, das Arbeiten an der Leſemaſchine
u. ſ. w. zur Leſekraft gelangt, lieſt der kleine Schüler die Wörter bis
„bete". Was jetzt? Nun er wird „be" in „bete" mit derjenigen Aus=
ſprache des e leſen, wie es z. B. in der erſten Silbe des Wortes „lehre"
klingt, das heißt eben als e; denn er lernte ja beim Vorführen des Buch=
ſtaben e, er laute e. Nun aber ſagt das deutſche Volk nicht „bete", ſon=
dern beinahe „báte" *) und verſteht dagegen unter „bete" (Beete) ab=
gegränzte Stücken Land im Garten. — Wie verhalten ſich die praktiſchen
Lehrer dabei? Collega A duldet das Leſen des Wortes mit normalem e
(wie in lehre), Collega B nicht. Erſterer thut zunächſt der Sprache
Zwang an, und dann erſchließt ſich um ſeines Verfahrens willen der In=

---

*) Das fragliche e iſt dem franz. mit Accent grave gleich. — Siehe Abelungs
„Vollſtänd. Anw. z. Orthogr." Leipzig 1790. II Abſchn. § 6. und Jacobi „Der
Leſeunterricht." Nürnberg 1851, S. 202.

halt des Wortes weder von selbst, noch durch die von ihm etwa in einem kurzen Satze gegebene Erklärung, und drittens tritt das elterliche Haus bei seiner Nachhülfe solcher Schulmeisterweisheit und Sprachverdreherei entgegen. Daß grade der Lehrer sich nicht an der Sprache versündigen und sich im beregten wie jedem andern Falle auch vom Scheine der „Zier= bengelei" fern zu halten habe, bedarf gar keiner Erörterung, daß das Kind das Gelesene verstehen lernen soll ebenso wenig, und wie verderblich die versteckte oder offene Opposition des Hauses gegen die Schule in Be= zug auf Lernlust und in pädagogischer Hinsicht wirke und namentlich beim ganz jungen Schüler, leider oft für die ganze Schulzeit, das brauche ich meinen sachverständigen Lesern nicht auseinander zu setzen. Können wir nicht alle davon Lieder, oder eins oder mindestens ein Liedchen davon singen? Der Lehrer B sagt zum Schüler: „Liebes Kind, das Wort heißt nicht „lebe", sondern „läbe"; öfters klingt das „e" beinahe wie „ä!"
— Das ließe man sich gefallen, wenn's wirklich bloß „öfters" vorkäme, und selbst dann dürfte solch ein Wort noch nicht in der ersten Zeile, auf der ersten Seite der Fibel vorkommen. Nun aber giebt es im Deutschen circa 160 solcher ein= und zweisilbigen Wörter, die mit ihren Ableitungen, Zusammensetzungen, Declinations= und Conjugationsformen einen sehr ansehnlichen Haufen bilden. (S. alle 160 in mein. Fibel im III. H.=Ab. §. 6 *.) Und die von mir aufgeschlagene Fibel bringt schon auf der ersten Seite noch einige, auf der zweiten ebenfalls und so durch alle Wörter= sammlungen hindurch. Wie Lehrer B sich hierbei benimmt, sahen wir; er corrigirt jedes vorkommende bezügliche Wort, wenn die Fibel in seiner Schule noch nicht lange eingeführt ist. Und wie verhält sich das Kind dabei? Nun es wird bedenklich und begreift, daß e nicht e sei. Kaum hat es die Lesekraft im allerbescheidensten Maaße erworben, so lernt es, daß ihm die neue Kunst nicht immer helfe. Alle Augenblicke kommt ja ein Wort, welches sein Lehrer verbessert. Ist das Lesen oder Uebung darin, wenn auf jeder Seite vorgesagt werden muß? — Würde nun stets im elementaren Theile der Fibel das e wie ä gelesen, so dächte der Schüler gar bald, das Zeichen e repräsentire den Laut ä oder wenigstens in der Hauptsilbe. Nun aber kommen doch auf allen Seiten seines Büch= leins auch Wörter mit dem normalen e in der Hauptsilbe vor. Wann klingt's nun normal, wann nicht? Es begreift sich, wie es jetzt wird! Die meisten Schüler verhalten sich bald passiv, sobald ein Wort mit e kommt, ganz blöde aber bald überhaupt. Ist es nicht natürlich, daß man so die kaum geweckte Lesekraft und die Lernlust im Kinde tödtet? Was ist zu thun, wenn man es nicht machen will, wie der Lehrer A und auch nicht wie der Lehrer B? — Ich denke, es giebt nur eine verständige Aushülfe. Die Fibel darf die Wörter mit dem bezeichneten breiten e

---

*) Eine Anzahl unter diesen Wörtern verleitet auch zum Setzen des ge= schärften Vocales nach dem Positionsgesetze, wovon später!

nicht untermengt mit solchen mit dem normalen bringen. Da das Kind sie aber doch kennen lernen muß, so müssen sie eine eigne Sammlung bilden und zwar eine vollständige, den deutschen Wörterschatz erschöpfende. Ihre Stelle in der elementaren Abtheilung der Fibel wird natürlich am Ende sein. Dort mit dem Schüler angelangt, sagt der Lehrer ihm, das e klinge in manchen Wörtern beinahe wie ä. Dies finde statt in allen nun folgenden Wörtern und allen, welche davon herkommen. Meine Fibel bringt sämmtliche im §. 6 des III. H.=Ab. und zwar nach dem darauf folgenden Consonanten und daneben und dabei auch nach verschiedenen Lese= und orthographischen Rücksichten geordnet. — Vielleicht möchte mir hier Jemand entgegnen: „Ja, durch solche Sichtung des zu lesenden Materials sind freilich die Uebelstände beseitigt, welche vorher beim Lehrer A und B und ihren Schülern besprochen wurden; wie aber wird es denn später nach jener besondern Sammlung in §. 6 und in andern Büchern mit dem Schüler werden?" Ich könnte einfach entgegnen: „Nun jedenfalls nicht schlimmer, als mit deinen Schülern, lieber Freund. Wie sollte es denn? Deine appelliren überall bei zusammenhangender Rede an den Sinn des Satzes mit mehr oder weniger Glück und du corrigirst dann auch nicht mehr die Wörter, in denen e wie ä klingt; ich aber habe erziehlich und unterrichtlich viel gerettet. Zwischen einem kleinen Anfänger und einem beinahe fertigen Leser (mechanisches Lesen ist gemeint!) ist doch ein gewaltiger Unterschied! Und — dort angelangt, ist mein Schüler schon einen zwiefach gehörig nach den früher erwähnten „Schwierigkeiten" abgestuften elementaren Lehrcursus durch! Der erste Hauptabschnitt meiner Fibel ist ein solcher Cursus; der zweite Hauptabschnitt ist ein zweiter." — So könnte ich wohl antworten; doch damit kann ich mich noch nicht begnügen, nur so weit im Vortheile zu sein! Darum entgegne ich: „Wird dein Schüler überhaupt einmal die fraglichen Wörter mit breitem e ohne Vorsagen und Corrigiren lesen können?" — „Ja wohl," sagst du, „sobald mein Schüler ein fertiger Leser ist, d. h. die ganzen Wortbilder schnell überblickt!". Ich fahre fort: „Wie kommt doch wohl dein Schüler dazu, alsdann die betreffenden Wörter sofort herauszufinden?" Du entgegnest: „Ei durch die vielfache Wiederkehr derselben, durch das ofte Lesen der einzelnen Lesestücke der Fibel, wie später überhaupt durchs viele Lesen gelangt der Leser endlich dahin, auf den ersten Blick solch Wort zu erkennen, ohne erst an den Inhalt des Satzes appelliren zu müssen!" — Hierauf habe ich zu sagen: „Also das Kind hat sich die Wörter gemerkt, ihre Wortbilder haben sich mit der richtigen Aussprache seinem Geiste eingeprägt, wie überhaupt dem fertigen Leser alle Wortbilder, ohne daß er sie dir hersagen kann? Ich muß dir Recht geben! Aber was meinst du, wird ein Schüler dies „Einprägen" eher erreichen, wenn er hier und da ein bezügliches Wörtlein auf je einer Seite der Fibel und später im Laufe vieler Jahre in andern Büchern findet, oder wenn ich ihm in meiner Weise sämmtliche Wörter

gehörig geordnet in einer einzigen Sammlung im ersten Schuljahre vor=
führe und so zugleich zu jeder Zeit Gelegenheit habe, sie einmal wieder=
holen zu lassen? Obenein herrscht in der Sprache auch bei diesen Wörtern
Gesetz und Regel; mein Buch zeigt sie und mein Schüler lernt sie durchs
Lesen ein, ohne die Wörter auswendig lernen zu müssen! Und — bist
du mehr als ein Jahr in der untersten Classe einer Schule thätig gewesen,
lieber College, so ist's dir ja eine bekannte Thatsache, daß die Kinder ihre
Fibel bald auswendig lernen und dir sogar die unzusammenhängenden
Wörter des ersten oder elementaren Theiles Seite für Seite hersagen,
sobald du nur hier oder da anfängst! Auf diese aller Welt bekannte
Thatsache baue ich auch ein wenig! Mit Recht oder Unrecht, geehrter
Leser? Für welche Altersstufe paßt verhältnißmäßig geistloses Lernen
besser, für die frühere oder spätere? Wer eine fremde Sprache erlernte,
den frage ich: Welche Vocabeln sitzen am besten, die in allerfrühester
Jugend oder die später erlernten?" — Soll ich nun noch besonders da=
von reden, wie es mit den Ableitungen und den Beugungsformen der be=
treffenden Wörter wird, die ich natürlich nicht mit aufführen konnte?
Wird ein Schüler nicht in „schwerstes" ebenso gut das erste e wie ä
sprechen, wie in „schwer"? Und wäre es nicht; hätte ich darum
Nichts erreicht, wenn ich nicht Alles erreichen konnte? Aber — das
Kind stößt nicht hierbei an, das zeigte mir langjährige Erfahrung! (Lesen
nach Analogien!) Wem ich hier zu breit war, der wolle mich gütigst da=
mit entschuldigen, daß ich noch oft vom „Ertödten der Lesekraft," vom
„Errathen des Lesestoffes, vom Vorsagen, Corrigiren, vom Ausscheiden
ganzer Gruppen Wörter" zu reden habe. Alsdann darf ich nur immer
auf diesen §. verweisen, um stets schnell fertig zu sein. Und — lieber zu
breit sein, als mißverstanden werden. Liegt diese Gefahr bei so verschie=
denen Lesern und bei meinem völlig neuen Verfahren nicht so nahe?
NB. Das e als letzter Laut in der letzten Silbe der Wörter (z. B. Lüge, Gurke)
klingt zwar auch nicht so, wie es das Kind bei dem Kennenlernen der ein=
zelnen Buchstaben erlernte; es hat kürzere Zeitdauer, erstickt gleichsam im
Keime und hört sich eher wie ein dumpfes geschärftes i an,*) doch das scha=
det uns im Leseunterrichte nicht. Der Lehrer darf es ruhig so lange, bis
der Schüler Silben schnell überblickt, wie das normale e sprechen lassen;
denn das entstellt das Wort durchaus nicht. Gar Viele sprechen es ihr Le=
ben hindurch nicht anders.

§ 5. te.

Von den ersten Zeilen der ersten Lection an finde ich fort und fort
in der von mir aufgeschlagenen Fibel Wörter wie „liege, biete, liebe,
Bier."

Nun ist beim Vorzeigen und Lehren der einzelnen Buchstaben das
Zeichen i als Bezeichnung des Lautes i gegeben worden. Wie darf man

---

*) Mancher spricht es fälschlich wie das geschärfte e (z. B. Heller); Mancher
wie das geschärfte ü (z. B. Brücke).

sich wundern, wenn das Kind bereits nach dem Anschauen der Buchstaben l und i in „liege" „li" sagt. Unbekannt mit dem Silbenabtheilen wird es entweder e und g zusammenlesen und das letzte e als dritte Silbe, also li—eg—e, oder auch li—e—ge. So das dreiste und geweckte Kind! Die meisten aber sind auf dieser Stufe noch sehr schüchtern und werden nach li schweigend das Buch oder den Lehrer anstarren und nicht wissen, was nun zu thun sei.

Was muß jetzt schon zum zweiten Male der Schüler vom Lehrer denken? Was hilft es, jetzt zu erklären, das e werde nicht ausgesprochen oder auch, das i und e klinge zusammen nur gleich dem Laute, welchen man beim Vorzeigen des Buchstaben i ehedem lehrte? Das Erste ist dem Kinde unbegreiflich, und nach dem Vorgange mit dem §. 4 besprochenen e, das wie ä klingt und bei späterer Wiederholung ähnlicher Vorkommnisse (ah, eh, oh u. s. w.) muß das Kind doch wohl zu der Meinung gelangen, es gehe im Leseunterrichte doch nicht überall mit rechten Dingen zu, man könne so ohne Weiteres doch nicht die Laute aneinander schieben, sich nicht einfach auf die Lesekraft verlassen, sondern der Lehrer müsse hier und da noch helfend eingreifen. Das Andre aber könnte den Schüler zu der Frage bringen, warum man denn das nicht sogleich beim Lehren der einzelnen Buchstaben gesagt habe, i und e zusammen laute nur i. Warum erklärte man denn das nicht? —

Ein Kind wird nun freilich nichts fragen und sagen, weil es eben ein Kind ist, aber stutzig werden und stolpern beim ie wird es noch lange, bis es ie als Einheit faßt, was doch geschehen muß und vom fertigen Leser geschieht, und dies um so mehr und länger, weil e auch ein Buchstabe für einen fortwährend auftretenden Laut ist. — Vielleicht liegt es aber im Wesen der Sache, daß man so verfahren müsse? Mit nichten! Es giebt hier im Sprechen keinen Laut e, also auch keinen Buchstaben e, denn jeglicher Buchstabe stellt ja eben einen Laut dar. Das e, das übliche Dehnungszeichen des i in den Hauptsilben sieht nur zufällig dem Buchstaben gleich, welcher den Laut e repräsentirt. (Man sehe aber „Adelung §. 4 in Cap. 2 im 3. Abschn.!" *) Es ist dieses ie immer vom orthographischen und nimmer vom Lesestandpuncte aus angesehen worden, und auch vom orthographischen Standpuncte aus muß es durchaus verworfen werden, wenn Klarheit in die betreffenden Gesetze hineinkommen soll, worüber ich hier nur kurz bemerken kann, daß man nicht Dehnungs= neben Schärfungszeichen lehren kann und darf, sondern nur letztere. Die Lautmethode hat diesen ihren Fehler aus dem Buchstabirschlendrian mit herübergenommen, d. h. sie hat einen argen Denkfehler gemacht, meine ich. Die Buchstabirmethode mochte meinetwegen das e nennen lassen, ein Recht hatte sie auch nicht; doch nimmermehr darf dies die Lautmethode. Letztere hat die Laute zu lehren und

---

*) Vollständ. Anweis. zur deutsch. Orthogr. v. J. Chr. Adelung, Leipzig 1790.

natürlich dafür das **ganze**, nicht das **halbe** Zeichen; Stück für Stück; Laut um Buchstabe, Buchstabe um Laut! Lehrt sie ja doch sch, — au, eu, äu, ei, ai als Einheiten fassen, während der Buchstabirer ruhig es— ce—ha, a—u, e—u u. s. w. ableierte! Consequenz! *) Etwas Fremd‏artiges, wie ein Reden von **Dehnungszeichen**, darf sich nimmermehr eindrängen. Hätten wir **besondere** Dehnungszeichen, die **nicht gleichzeitig** wie die üblichen Buchstaben aussähen, so dürften auch diese im **Lese**unterrichte nicht als ein Besondres gelehrt werden, sondern als Einheit mit dem Buchstaben, an welchem sie hafteten **).

Verständiger Weise muß die **Buchstabirmethode** sogar buchstabi‏ren lassen: ell—i—**Dehnungszeichen**—ge—e, — liege und nicht ell—i—e—ge—e. Dann hätte sie jeden Buchstaben als Repräsentant eines Lautes gefaßt. Ein Fühlen des von mir Ausgesprochenen liegt in der Thatsache, daß man jetzt nicht „es—ce—ha" buchstabirt, sondern dafür „sche".

Daß es auch ein Zeichen für den Laut i gebe, welchem derjenige Theil unsers in Rede stehenden Buchstaben ie fehlt, der dem Zeichen für den Laut e gleicht, hat gar nichts mit der Sache zu thun. Man hat sich vielmehr das Vorkommen des Buchstaben i neben ie nur analog der Thatsache zu erklären, daß wir für den Laut f ꝛc. zwei Zeichen haben.

§ 6. ah, eh, oh, uh, äh, öh, üh,'— ih; ieh.

Ich müßte fast Wort für Wort den vorigen §. wiederholen, um zu beweisen, daß **ah, eh, oh, uh, äh, öh, üh, ih** als **Einheiten** zu fassen und zu lehren seien. Sie sind neben **a, e, o, u, ä, ö, ü, i** die Repräsentanten des gedehnten a, e ꝛc. in der **Hauptsilbe** und zwar nach einem Sprachgesetze alsdann, wenn r, l, m, n folgt, doch heute nur noch dann daselbst, sobald der Anlaut **einfach** ist.

Von einem Dehnungszeichen „h" im Leseunterrichte zu reden, ist ungehörig, ist ein Denkfehler, den man beging, als man von der Buch‏stabir= zur Lautmethode überging. Das Dehnungszeichen ist so gut als **untrennbarer** Theil des Buchstaben, als der Haken über dem u in der Schreibschrift und die Strichelchen über ü ebendaselbst und die kleinen „e" über ä, ö, ü, äu in der Druckschrift. Der Umstand, daß das sogenannte Dehnungszeichen „h" nicht ein **besondres** Zeichen, wie die französischen Accents, sondern gleichzeitig Repräsentant eines Lautes unsrer Sprache ist, macht die Forderung um so bringender, wie dies bei „ie" mit „e" ist. Nebenbei sei es gesagt, daß ich es für gut befinde, im Widerspruch

---

*) Auch beim allerersten Schreibunterrichte darf man dem Schüler **nicht** sagen beim au, eu, ei, ie u. s. w.: „Erst schreibe ein a, dann ein u u. s. w.", der hö= her zu stellende Lesezweck verbietet es, und der Schüler lernt auch baohne schreiben.

**) Ebensowenig darf der Lehrer einer letzten Klasse in Frankreich die Accents abgesondert von den Buchstaben behandeln, auf denen sie stehen.

mit allen Fibeln, ah, eh, oh dem Anfänger **früher** vorzuführen, als den Buchstaben „h", damit er gar nicht erst das abgesonderte Zeichen h, den Repräsentanten des Lautes h, kennen lerne. Habe ich mich auch in frühern §§. für das Fernhalten der dem Anfänger noch **entbehrlichen** Buchstaben, z. B. y, x und derjenigen Buchstaben erklärt, welche ein **zweites** Zeichen für einen Laut sind, z. B. v, so liegt doch wohl der Grund auf der Hand, weshalb ich selbst scheinbar in meiner Fibel dagegen verstoße, wenn ich bald vornan die zweiten Zeichen für das gedehnte a, e u. s. w. gebe, warum ich da schon ah, eh u. s. w. vorführe. — Alle 8 Buchstaben ah, eh, oh u. s. w. bürden dem kleinen Schüler keine Last auf, er lernt sie in **einer** Stunde. Wegen ihrer Gleichartigkeit sind sie nur wie einer zu rechnen. Auch vom **orthograpischen** Standpuncte aus ist es zu verwerfen, von einem Dehnungszeichen „h" zu reden, wie bei ie vom e. So lange man von Dehnungszeichen **neben** Schärfungszeichen redet, leidet der ganze orthographische Unterricht an einem Widerspruche, der die sämmtlichen betreffenden Regeln ungenießbar und unnütz macht. Doch davon später! — In drei Wörtern steht ieh, also neben dem Dehnungszeichen e noch obenein ein zweites. Ich bringe diese Wörter als Abnormitäten im III. H.=A. meiner Fibel (§. 13).

§ 7. aa, ee, oo.

Soll ich noch erst den Beweis antreten, daß aa, ee, oo als **Einheiten**, als besondere Buchstaben aufzufassen und demnach auch gleich ah, eh u. s. w. auf den Buchstabentäfelchen der Lesemaschine, in der Hand- und Wandfibel als besondre einzelne Buchstaben zu zeigen sind?

§ 8. ph, th.

Diese ursprünglich griechischen Buchstaben haben vornan im Leseunterrichte nichts zu suchen, wie ich bereits früher erwähnte. — Das **ph** kommt nur in fremden Wörtern vor, und deshalb bringen es seit lange die Fibeln erst am Schlusse ihres elementaren Theiles.

Hier ist in Bezug auf **ph** zu sagen, daß dem Kinde nicht von einem p und h zu reden sei; sondern daß beide als **Einheit** zu fassen und zu lehren sind, als drittes Zeichen für den Laut f. Muß ich noch Gründe dafür angeben? Bedauerlich ist's, daß unsre Sprache nicht einen besondern Buchstaben wählte, wenn man durchaus den griechischen Laut in den übernommenen Fremdwörtern kennzeichnen wollte. — Dasselbe Bedauern muß man auch bei **th** ausdrücken.

Th hat sich auch in deutsche Wörter eingeschlichen. Man bestrebt sich jetzt, es abzuschaffen. (Z. B. Flut, Heimat.) Ich spreche hier von th nur, um zu fordern, es gleich ie, ah, ee u. s. w. als Einheit fassen zu lassen. **Th** ist das zweite Zeichen für den Laut t. Sein Zurückstellen vom Anfange ist bereits besprochen; aber im Widerspruch mit andern

Fibeln verweise ich es an den Schluß des elementaren Theiles der meinigen. (S. dieselbe III. H.=Ab. §. 2.)

Wir können dem Schüler genug Lesestoff ohne die Wörter mit th bieten! — Der orthographische Unterricht fordert die Sammlung aller Wörter mit th und sein Zurückstellen ans Ende.

Zu bemerken dürfte noch sein, daß die Wörter mit th und ph sich nur beim gedehnten Vocale finden, mögen sie nun An= oder Auslaut sein. Nur das Wort „Wirth" und Eigennamen, z. B. „Luther", machen eine Ausnahme. Damit sich der Schüler dieses Gesetz einlese, bringe ich die deutschen Wörter mit th in einer besondern Sammlung. Warum, das erhellt erst aus §. 17 dieses Abschnittes und aus §. 15.

§ 9. Ueber i und ie.

Anknüpfend an den Schluß von §. 6 deute ich darauf hin, daß sich in der von mir aufgeschlagenen Fibel sofort wenige Zeilen vom Anfange in der ersten Lection nach Wörtern mit ie ein Wort mit i findet (wie z. B. beleidigen). So treffe ich fort und fort überall Wörter mit dem Nebensilben=i, gemengt mit Wörtern an, welche das Hauptsilben=i haben. — Wozu zwei Zeichen für denselben Laut vom Anfange ab? frage ich mit Rückweis auf §. 1. Und einen Grund, es ja bald zu bringen, giebt es nicht. Lesestoff ist ohne i genug. Obenein treffen wir diesen Buchstaben als Zeichen für den gedehnten Laut i nicht in den leichteren Wörtern, sondern nur in solchen von mehr als zwei Silben, sobald man von den wenigen absieht, welche es mit Ausnahme in der Hauptsilbe haben (z. B. mir). Muß es nicht, und dies ist die Hauptsache, den Anfänger verwirren, das eine Mal beim Anblicke des bloßen i, das andre bei dem des ie den Laut i lesen zu sollen? Wird nicht das geweckte Kind, und gerade dies, stutzig werden, sobald nun wieder nach „beleidige" oder auch „mir" u. dgl. Wörter mit ie kommen? Wird es nicht wieder auf das Abtrennen des e verfallen, und um so eher, da es ja e als besondres Lautzeichen in den Nebensilben so unendlich oft las, ehe es hier anlangte. — Hierbei ändert es nichts, ob man ie vom Anfange ab als Einheit fassen lehrte oder nicht.

Muß aber schon i ans Ende gedrängt werden a. aus pädagogischem Tact, welcher Ueberbürdung verbietet, b. weil i nur in schwereren Wörtern auftritt, c. weil das Kind durch zwei Zeichen für denselben Laut unter den genannten Umständen verwirrt wird: so liegt der Hauptgrund darin, daß i das Zeichen des geschärften i der Hauptsilbe ist (z. B. wische). Nun hat gar das Kind dreierlei i nebeneinander und zwar bloß in Kleinbuchstaben schon. Die besondre Schwierigkeit, die in dem Geschärftsein liegt und den Hauptgrund zur Zurückstellung abgiebt, wird aus den folgenden §§. erhellen!

Die von mir aufgeschlagene Fibel bringt im elementaren Theile Wörter mit ie, J, i neben solchen mit geschärftem i, J!

§ 10. Ueber aa, ee, oo nochmals.

Das eigentliche Hauptsilben =a, =e, =o mit Kennzeichnung der gedehnten Aussprache ist ah, eh, oh. Die Sprache hat daneben auch aa, ee, oo. Unter Rückweis auf § 1 und 9 sage ich über sie nur: Um den Anfänger nicht zu überladen und nicht zu verwirren, sind die betreffenden Wörter in meiner Fibel an den Schluß gestellt, und zwar alle, die es giebt.

§ 11. Ueber bb, dd, ff u. s. w.

Bb, dd, ff, gg u. s. w. sind als Einheit zu lehren und tragen den Namen Doppelzeichen für b, d u. s. w. — Die Angabe der Gründe scheint mir unnöthig, weil sie aus den vorstehenden und folgenden §§ leicht zu entnehmen sind.

§ 12. Ueber Dehnung und Schärfung.

Jetzt komme ich zu einer Sache von der höchsten Wichtigkeit in meinen Augen für den gesammten Lese= und orthographischen Unterricht. Ich gehe an die Besprechung mit dem heißen Wunsche, es möchte mir eine überzeugende Darstellung gelingen. Der hier zu behandelnde Gegenstand drängte mich seit Jahren, einmal über den Leseunterricht ein Wörtlein zu veröffentlichen. Er war auch der nächste Anstoß, die große Zahl der Fibeln um eine zu vermehren. In der Schule und daneben in starkem Privatunterrichte wurde ich durch funfzehn Jahre täglich wieder darauf gestoßen und zum Nachdenken darüber gezwungen. Das veranlaßte eine Anzahl einzelner schriftlicher Notizen über Leseschwierigkeiten. Das Sinnen über eine Stelle in dem trefflichen Büchlein des Herrn Provinzialschulrathes Bormann: „Der orthographische Unterricht in seiner einfachsten Gestalt," brachte mich beim Durchlesen meiner Notizen zu meiner Methode. Diese Stelle ist eine Note auf Seite 19 und lautet: „„So wenig der fertige Clavierspieler sich der einzelnen Noten bewußt ist, welche er spielt, :ben so wenig denkt der fertige Leser an die einzelnen Laute, aus welchen die Wörter zusammengesetzt sind. Ist es nun Zweck des Leseunterrichts überhaupt, Lesefertigkeit zu erzeugen, so ist es ihm auch Zweck, den Schüler bis dahin zu bringen, daß er sich beim Lesen der einzelnen Worttheile nicht mehr bewußt werde." Laubling, Versuch einer naturgemäßen Methode der Orthographie, S. IX. Dasselbe behauptet auch Dr. G. L. Schulze in seiner Legographologie; aber er macht daraus S. 42 den Schluß: „Daher trennen sich dann auch in der That die beiden zum Lese= und Rechtschreibenlernen führenden Wege, ob sie gleich von einem und demselben Puncte ausgehen, allmählich in entgegengesetzter Richtung von einander, so daß der Schüler gleichsam mit jedem neuen Schritte, der ihn dem Ziele seiner Lesefertigkeit näher rückt, sich grade so viel von dem Ziele seiner Rechtschreibefertigkeit entfernt." Das ist

— 58 —

nicht wahr; es kann der Natur der Sache nach nicht wahr sein, daß zwei einander so nahe verwandte Fertigkeiten, wie die des richtig Lesens und des richtig Schreibens, sich gleichsam gegenseitig vernichteten. Es hat nur den Schein der Wahrheit darum, weil man nach der gewöhnlichen Methode der Rechtschreibung die durch die gewonnene Lesefertigkeit dem Schüler angeeignete Uebung in der Auffassung eines Wortganzen nicht benutzt, sondern ihn mit Gewalt und wider seinen Willen nöthigt, das Wort, um es richtig zu schreiben, wieder in seine Lautbestandtheile zu zerlegen, worauf er gar nicht kommen würde, wenn man ihn nicht methodisch rückwärts führte.*)""

Der geneigte Leser wolle mir nun folgen!

Jeder Schüler, welchen ich mit größerer oder geringerer Mühe über die ersten Seiten der von mir lange gebrauchten Fibel selbstthätig kommen sah, saß unfehlbar kurz darnach bei Wörtern fest, wie da sind „Woche, Tasche, Bäche, mische," d. h. Wörter mit sogenanntem geschärften Vocale.

Man nehme das allerbegabteste Kind, welches man kennt, und man wird dasselbe finden, was mir bei Hunderten von Anfängern verschiedenster Begabung und Vorbereitung entgegentrat. Natürlich muß man die feste Ueberzeugung haben, daß von Niemandem hier bereits Hülfe kam; der Schüler muß eben zum ersten Male solchen Lesestoff vor sich haben; muß auch niemals denselben haben lesen hören und muß gewöhnt sein, wirklich selbstständig zu lesen, d. i. die Routine im Errathen, das Zurückgehen auf den Wörterschatz im Kopfe muß ihm noch abgehen.

Es tritt dann unbedingt der Fall ein, daß der Schüler obige Wörter also liest: „Wohche, Tahsche, miesche." Der Lehrer hat Wort für Wort zu corrigiren.

Fortwährendes Verbessern Seitens des Lehrers ist aber doch wohl kein „Leseunterricht," so wenig wie Errathen und Auswendiglernen des Lesestoffes „Lesen" genannt werden darf! — Nun enthalten die deutschen Wörter Silbe um Silbe theils einen geschärften, theils einen gedehnten Vocal. — Ob mehr gedehnte oder mehr geschärfte, ist schwer zu sagen. (S. § 4 im I. Abschn. d. Abth.) So bringen sämmtliche Fibeln sie in buntem Gemisch. Habe ich Recht, wenn ich behaupte, was ich durch lange Jahre täglich erfuhr, daß kein Schüler selbstthätig so ohne Weiteres die geschärften Silben lese und er solche Wörter sich schwer merke, so kann man nicht deutsch lesen lernen, ohne sich auf die hörbare Sprache zu beziehen, d. h. zu errathen, was da gedruckt oder geschrieben vorliegt, wenn es nicht ein Mittel giebt, hier zu helfen. Silbe für Silbe vom Anfange ab durch die Fibel, ja manche bringt als erstes Wort gar eins mit geschärftem Vocal, ein gedehnter oder ein geschärfter Vocal! Silbe für Silbe also ein Corrigiren oder Vorsagen des Lehrers! Wenn das nicht dahin führt, daß auch der muthigste Schüler das Gewehr streckt, d. h. auf

---

*) Siehe IV Abschn. dieser Abtheilung § 3!

die Anwendung seiner kaum erweckten Lesekraft verzichtet, da er nicht weiß, welche Silbe er l e s e n kann und welche er r a t h e n muß, dann —, ja dann tödtet sie nichts! Vielleicht giebt es aber da ein leichtes Mittel! Man sage also z. B. dem Schüler, wenn ganz v o r n in der Fibel Wörter mit geschärften Silben sich finden, welchen Fall ich doch eben jetzt bespreche: „Kind, manchmal wird der Selbstlaut k u r z, recht schnell ausgesprochen." Gesetzt, das hülfe dem Schüler, er behielte den verschiedenen Klang, dann hat er ja bei jeder einzelnen Silbe immer noch erst bei sich zu entscheiden, ob kurz, ob lang. Stärkt das seine Zuversicht auf die schwache Lesekraft? Ist die Wahl zwischen zwei Dingen, hier Silben, nicht auch ein Errathen, sobald kein Grund, hier kein sichtbares Zeichen an der Silbe die Wahl leitet? Und z w e i e r l e i ist es doch, ob ich gedehnt oder geschärft den Vocal spreche, ob Wohche oder Woche, Tahsche oder Tasche, miesche oder mische, ob ras't oder Rast, kos't oder Kost, nagt oder Nacht, liest oder List, fahren oder Farren, Rose oder Rosse. (S. i. mein. Fibel im III. H.s Ab. Ueb. 19. 20. 21. 22.)

„Aber dieses äußere Zeichen, das den Schüler führt, ist ja da," entgegnet mir, zurechtweisend, einer von meinen Lesern! Ob er dabei an die sogenannten Schärfungszeichen oder noch an etwas mehr denkt, ist für jetzt gleichgültig. Ich entgegne h i e r nur: „Ei wohl, aber soll es dem selbstthätigen Anfänger helfen, dann muß er wenigstens schon l e i b l i c h s c h n e l l eine Silbe von drei Lauten überschauen, d. h. so weit Lesefertigkeit haben. Auf der dritten oder vierten Seite oder gar erst bei den ersten Wörtern einer Fibel angelangt, ist er aber noch n i c h t so weit."

Noch setze ich hinzu: Man darf doch jedenfalls dem Kinde zu Anfange nicht Wörter vorführen, in welchen die Schärfung n i c h t bezeichnet ist, die Fibel also nicht mit „ in, bin, im, bis, hat u. s. w." beginnen lassen; das heißt doch mit der A u s n a h m e anstatt mit der R e g e l anfangen. Diese Ausnahmen, d. h. Wörter, in denen die Schärfung nicht bezeichnet ist, sind gänzlich auszusondern. Damit beginnen aber grade manche Fibeln!

Noch bin ich den Beweis schuldig, daß zum Lesen der a l l e r e i n s a c h s t e n Wörter mit geschärftem Vocale „leidliche Silbenlesefertigkeit" gehöre. Es wird sich dabei auch ergeben, daß das Lesen der fraglichen Silben überhaupt s c h w e r e r sei, als das der gedehnten.

Das Hinübergehen aus dem geschärften Vocale zu dem in derselben Silbe folgenden Consonanten ist ein blitzschnelles, weil ersterer so kurze Zeitdauer hat; den g e d e h n t e n kann der Schüler so lange halten als er will und Lust hat, und kann sich auf den folgenden Consonanten besinnen*). Ein fast eben so schnelles ist es aber vom geschärften Vocale, wenn damit eine Silbe schließt, zur folgenden, sobald man o r d n u n g s =

---

*) Vergl. Legographologie v. Dr. Schulze, Nota 3 zu § 3 im I Ab.

mäßig spricht, liest. Von der Zeitdauer der geschärften Selbstlaute ist ja § 4 im ersten Abschnitte dieses Theiles gesprochen worden. Der musikverständige Leser, und das dürfte ja fast jeder sein, weiß, daß jede Note erst durch die folgende ihren Werth nach Zeit erhält; müßte denn eine Pause kommen. Ersteres ist der Fall, wenn in derselben Silbe dem geschärften Selbstlaute ein Consonant folgt; letzteres tritt ein, wenn ein geschärfter Vocal die Silbe beendet. Die Pause in letzterem Falle ist nun aber eine so ungemein kurze, daß sie dem Leser keine Zeit und Ruhe zur Ueberlegung läßt, und der schwache Anfänger soll und muß demnach beim beispielsweisen Lesen des Wortes „lache" blitzschnell vier Laute (und nicht zwei Paare mit Ruhepunct zwischen beiden) überblicken und fast wie eine einzige Silbe sprechen. Es begreift sich wohl nicht schwer, daß er eher ein Wort mit Consonanthäufung nach einem gedehnten Vocale lesen würde, als die zweite Silbe in unserm Beispiele an das geschärfte a der ersten hinan, wenn man daran denkt, daß die im Augenblicke verlangte Aussprache des Selbstlautes in der zweiten Silbe mit ihrer Anforderung an die Stimmbänder und die andern Sprechorgane eine wesentliche Abweichung von der Thätigkeit beim Bilden der Consonanten ist. Wir können nämlich viel leichter mit den Sprechorganen aus einer Consonantstellung in eine andre übergehen, als in eine Vocalslage, weil Ersteres in derselben Mundöffnung geschehen kann, Letzteres aber eine neue erfordert. — Wie schon bemerkt, ist eine Pause in Wörtern, wie „lache;" sie ist aber so kurz, daß sie wohl gedacht, nicht aber gehört wird. — Wenn ich sage, es sei eine da, so muß ich die Fälle ausnehmen, wo der Consonant einer der sechs Verschlüsse ist, z. B. Ebbe. Bei ihnen kann man zur ersten Silbe nichts von b rechnen, als den Ansatz dazu mit den Lippen; die zweite Silbe bekommt den eigentlichen Sprachklang, der ja eben nur ein Momentlaut ist. Zum Glück kann man auf diesem Ansatz der Sprechwerkzeuge zu einem Momentlaute halten, so lange, als man will, und darum werden die eben bezeichneten Consonanten dem Anfänger weniger Schwierigkeit machen, als die übrigen. (Man prüfe, indem man Wörter mit Verschlüssen neben solchen mit andern Consonanten laut spricht, und dabei in den Spiegel sieht!) Indem ich diesen feinen Unterschied zwischen den Mitlauten fallen lasse, was nichts schadet, fahre ich fort: In Wörtern wie „lache, hasse u. s. w." erhält der einzelne Mitlaut gleichsam denjenigen Druck, welcher die Note nach dem Tactstriche vor der folgenden auszeichnet; sonst steht er dem Vocale zu. Besser gesagt vielleicht: Der Consonant nach dem geschärften Vocale wird doppelzeitig. Damit meine ich aber nicht die Verdoppelung derjenigen Zeit, welche ein Consonant sonst beansprucht, sondern eine eben so lange, als die des gedehnten Vocales. Es ist, als wäre der Consonant nicht ein Mal, sondern mehrere Male hinter dem kurzen Selbstlaute. Daraus erklärt sich auch der Gebrauch der sogenannten Schärfungszeichen. Es klingen aber z. B. in dem Worte „Affe" nicht bloß zwei f, sondern in langsamem

Sprechen beliebig viele, im gewöhnlichen immer noch mehr als zwei, sobald man das gewöhnliche Zeitmaaß des Consonanten bei der Theilung anwendet. In Wörtern, wie „lache" ist der Consonant gleichsam das, was in der Musik die syncopirten Noten sind. In dieser Verrückung des Tactes liegt wahrscheinlich auch eine Schwierigkeit. Folgendes veranschauliche das Besprochene:

1.   2.   3.   4.

e l f   A u u   A schschschsche   A r t.

Darf ich jetzt unter Zustimmung des unparteiischen Lesers jegliche Silbe mit geschärftem Vocale aus dem Anfange der Fibel verbannen, so hätte ich weiter zu erörtern, ob sich der Schüler nach erlangter „leiblicher Silbenlesefertigkeit" selber helfen könne und nicht Silbe für Silbe errathen müsse, ob ein gedehnter oder geschärfter Vocal darin sei. Es war mir ja erwidert worden, die Schriftsprache kennzeichne die beiden Arten verschiedener Aussprache. Ehe einem Leseschüler das „Kennzeichen" etwas helfen kann, muß er jedenfalls erst wissen, was denn eigentlich gekennzeichnet ist, d. h. man wird mir die Forderung zugestehen müssen, die Selbstlaute seien eben so gut und oft in geschwächtem Klange dem Schüler einzeln vorzusprechen und einzuüben, als in gedehntem Klange. (S. meine Fibel II. H.=Ab. § 1.)

Ich darf jetzt fragen, wo eine „Anweisung zum Leseunterrichte" von der Dehnung und Schärfung als von einem sehr wichtigen Gegenstande handelt. So viel ist wahr, daß diese und jene Anleitung zum Gebrauch einer Fibel wohl sagt, es müßten die Vocale den Kindern auch einmal geschärft vorgesprochen werden, mehr aber nicht. Es findet sich auch hier und da: „In der und der Uebung meines Buches werden die Kinder mit den Dehnungs= und Schärfungszeichen bekannt gemacht." Dies heißt aber nur vom orthographischen Standpuncte aus und zwar höchst obenhin die Sache im Vorbeigehen erwähnen. Dabei bleibt der ganze Lesestoff mit Ausnahme von einigen, kaum erwähnenswerthen Seiten vollkommen ungesichtet und ist es selbst da nicht einmal, indem z. B. die Wörter mit Dehnungszeichen noch wieder Nebensilben mit geschärftem Selbstlaute aufweisen. Ein genaues Eingehen auf die sogenannte Dehnung und Schärfung kann nach meiner Meinung beim Bau einer Fibel zu nichts weniger führen, als zur vollständigen Trennung aller Wörter mit nur gedehnten Vocalen, von denen mit nur geschärften einerseits, und ein dritter Hauptabschnitt nach diesen beiden hat dann den Uebergang zum Lesen von zusammenhängender Rede in der Fibel und jedes beliebigen Buches zu bilden (S. den I. H.=Ab.

meiner Fibel ausschließlich mit gedehnten, den II. H.=Ab. mit nur geschärften Vocalen in jeder Silbe, und den III. H.=Ab. als Uebergang, Prüfstein gleichsam!)*)

Ich fordere erstens, die Vocale in geschärfter Aussprache eben so gut einzuüben, als in gedehnter; ich fordre ferner beim Feststellen des elementaren Leseſtoffes die Trennung nach gedehnten und geschärften Selbſtlauten als Haupteintheilungsgrund zu nehmen. Das zeigt, daß ich dieses Capitel über Dehnung und Schärfung für die **allerwichtigſte** Sache im elementaren Leſeunterrichte halte. Bis jetzt hat man das Herausfinden des geschärften Vocales dem Schüler überlassen, wie ehedem die Buchſtabirmethode das Herausfühlen der Conſonanten aus den Buchſtabennamen.

§ 13. Fortsetzung. **Wie viel Vocale giebt es?**

Vielleicht ist es aber gar nicht so von Bedeutung, ob man den gedehnten Vocal dieſer oder jener Silbe einmal mit dem entsprechenden geschärften im Leſen verwechselt, vielleicht unterscheiden sich beide Aussprachen gar nicht so sehr? Dann hätte ich mich unnöthig ereifert, dann wäre auch das Prüfen, wie der Anfänger die Silbenleſefertigkeit erwarb, unnöthig. — Sehen wir zu!

a. Der Klang des geschärften Vocales (und des mittelzeitigen) ist ein so auffallend verschieden von dem gedehnten, der Unterschied zwiſchen beiden ist so bedeutend, daß noch ganz Andre, als Kinder, ſich anſtrengen ſollen, und oft lange vergeblich, der an ſie geſtellten Anforderung **augenblicklich** zu genügen, ein ihnen fälſchlich mit gedehntem anstatt geschärftem Vocale vorgesprochenes Wort richtig zu verſtehen. Ebenſo umgekehrt. Er iſt ſo wesentlich verſchieden, daß ſolch verkehrt vorgesprochener Satz unverständlich, ganz fremdländiſch klingt, **ſelbſt wenn man mit dem Unterſchiede ganz vertraut iſt.** Wie ſoll es nun aber erſt Kindern gehen und nun gar Landkindern, die nichts als ein klein Wenig Plattdeutſch zur Schule bringen? Man ſpreche, um ſich zu überzeugen, einem Erwachſenen, der die Dehnung und Schärfung wohl kennt, einen so entſtellten Satz vor mit der Anforderung, ihn schnell richtig zu machen, ob er's können wird! Zum Beiſpiel: Muhs ieſt 'ne hahrte Nuhs. Uhnvehrhofft kohmt offt. Mieht Haarehn und Hoſehn hahlt's mahndchehn trofehn. Juhngehr Schlehmehr ahltehr Beetlehr. Vohm Flehke zuhm Zwehke. Werr gabb, derr schweige, werr namm, derr redde. *)

---

*) Der Leſer wolle ſich hier bewogen fühlen, ſich den Unterſchied genau zu überdenken, welche zwiſchen dem Leſen der Wörterſammlungen (d. elem. Thl. der Fibel) und dem von Erzählungen ſich findet.

**) Es erinnert mit dies an die auch wohl in weitern Kreiſen bekannten Jugendſcherze. Unter den Wortspielen, welche man für Sätze aus fremden Sprachen ausgab, und die ſich durch Generationen fortgepflanzt haben mochten, befand ſich zum Errathen auch eins, das auf conſequenter Verwechſlung der gedehnten und geſchärf-

Setzt man diese Wörter sofort in die bekannten Sprichwörter um: Muß ist 'ne harte Nuß u. s. w.! — Noch schwerer ist das Errathen loser Wörter, und das muthet man doch eigentlich dem Schüler zu, z. B. Ehrbehn, zierpehn, Kehrlehr, wiespehrteht, böffe, rügge, bötte, ärre, gännt, stett, bellert, forrfarre, uhngettümm, lohterrilloß, stönnehn, ehmpfüllst, beckwemm, Miesetätter ꝛc. Eigentlich müßten nur solche Beispiele gewählt werden, wie das letzte Wort ist, nämlich gedehnt und geschärft **untermengt**. — Während hier überall nur **unverständliche Silben** zum Vorschein kommen, giebt der deutsche Wörterschatz in Hunderten von Wörtern Veranlassung zu Verwechselungen, denn

b. **die Sprache selbst behandelt den geschärften Vocal als einen wesentlich von dem entsprechenden gedehnten verschiedenen, als einen ganz selbstständigen, nicht als eine bloße Modification des letzteren, welche man hier und da auch wohl einmal fallen lassen könne.** Sie bildete mit ebendemselben Consonantengerüste neben gedehnten geschärfte Wörter paarweise, und zwar in die Hunderte hinein, z. B. Kahn, kann, Saat, satt, Höhle, Hölle. (S. m. F. III. H.=Ab. § 19!)

c. Die Unverständlichkeit tritt nicht ein, wenn man anstatt gedehnt **mittelzeitig spricht**, z. B. wie ich den Klang von i, u, ü vor l, n nenne, z. B. Filz — Fielz, Wink — Wienk, bunt — buhnt, Jüngling — Jühnglihng.

d. Es muß noch daran erinnert werden, daß diejenigen **geschärften** Vocale, welche wir mit den Buchstaben ö und o schreiben, gar nicht mit den durch dieselben Buchstaben bezeichneten gedehnten Lauten correspondiren. Wie bereits in der Lautlehre gezeigt wurde, hängen sie vielmehr mit dem gedehnten plattdeutschen ö und o zusammen. Somit müßte man mindestens von zehn, anstatt von acht Vocalen reden.

e. Es ist nicht wahr, daß die Vocale in sogenannter geschärfter Aussprache, — abgesehen von dem eben besprochenen o und ö, — sich **nur durch kürzere Zeitdauer** von den mit denselben Buchstaben bezeichneten gedehnten unterscheiden. Es ist möglich, das gedehnte i, u, e, ü, a, ä mit allerkürzester Zeitdauer zu sprechen, ohne daß man denjenigen Klang erhält, welchen die sogenannten geschärften Laute in den deutschen Wörtern haben. Wer sich überzeugen will, der spreche ein gedehntes i, recht lange dauernd, darnach kürzer, und dann mit möglichst kurzer Zeitdauer unmittelbar hinterher ein Wort mit sogenanntem geschärften i, z. B. „bitter." Man wird bei Aufmerksamkeit den Unterschied finden, ja sogar die verschiedene Mundstellung. Sie ist beim „i" in bitter größer, als bei einem Worte mit gedehntem i, z. B. Liebe. Die Mundstellung des geschärften i liegt in der Mitte zwischen der des ge-

---

ten Vocale bezog. Vielleicht ist es auch Diesem oder Jenem bekannt, wie ja solche Wortspielereien es in weiten Kreisen sind. Es sing an: Oiterbehn ꝛc.

dehnten i und gedehnten e. — Sollte es einem Leser nicht sofort
gelingen, ein gedehntes i mit eben so kurzer Zeitdauer zu sprechen, als
sie das geschärfte i hat, so wolle er bei seinen Versuchen daran denken,
daß die Mundstellung des gedehnten i festzuhalten ist. Darnach über=
führe man sich von der Wahrheit meiner Behauptung auch bei u, e, ü,
a. Es ist ebenso auch ein Sprechen des gedehnten o und ö in ganz kurzer
Zeitdauer möglich; die Sprache hat aber keine Wörter mit ihnen ge=
bildet, sondern statt dessen mit dem plattdeutschen o, ö. Am schwersten
überzeugt man sich bei a. Da ist der Unterschied des Klanges in der ge=
dehnten und geschärften Aussprache nicht sonderlich merklich und man wird
versucht, den Unterschied nur in der Zeitdauer zu suchen, während er
dennoch auch hier wie bei jedem Selbstlaute in erweiterter Mund=
öffnung besteht, wie ich das bei l oben nachwies. Der Grund ist fol=
gender:

Bei a tritt der wesentlich verschiedene Klang deshalb nicht hervor,
weil er unter seinen Genossen derjenige ist, welcher sich zu den Sprech=
werkzeugen am indifferentesten verhält. Es tritt bei ihm keine Modifica=
tion des zwischen den Stimmbändern erzeugten Tones, durch Verlängern
des Mundkanales, (Zuspitzen der Lippen!) Runden der Lippen und Ver=
engen der Mundhöhle ein; frei strömt der Ton durch den in natürlicher
Weite geöffneten Mund, während die andern Selbstlaute gefärbten Klang
haben. Deshalb habe ich ihn in der Lautlehre den Urselbstlaut genannt,
wie h den Urmitlaut. Sollte sich Jemand vergebens bemühen, den ge=
dehnten Selbstlaut mit ebenso geringer Zeitdauer zu sprechen, als sie der
geschärfte hat, und so zu erkennen, wie zwischen beiden Arten von Voca=
len eine Klangverschiedenheit und nicht bloß eine Verschiedenheit
der Zeit sich vorfinde, der trete in eine Klasse mit Anfängern im Lesen.
Aufgefordert, z. B. i erst recht lange zu halten, darnach kürzer und endlich
blitzschnell abzusetzen, wird man das fragliche kurzzeitige gedehnte
i und nicht das geschärfte i zu hören bekommen. Der Verfasser hat
dies sehr oft im Leseunterrichte erlebt, wenn er entwickelnd verfahren und
die geschärften Klänge hervorlocken wollte. Trifft hierbei einmal ein Schü=
ler einen einzelnen geschärften Vocal anstatt des kurzzeitigen ge=
dehnten, so ist das reiner Zufall, eine Ausnahme. Was aber der
Schüler gesprochen hat, das sind die von mir in der Laut=
lehre mittelzeitig genannten Vocale, wie sie als Modification
des i, u, ü vor l und n sich in der Sprache finden. Mit den an=
dern mittelzeitigen Lauten e bildet sie keine Wörter. (S. m. Fib. II. H.=A.
§ 15.)

f. Hiermit bin ich gleichzeitig bei einem neuen Beweise, daß ich
Recht habe, wenn ich behaupte, die deutsche Sprache habe nicht acht Vo=
cale in Summa, sondern funfzehn in zwei nach Zeitdauer unterschiedenen
Gruppen, acht gedehnte, sieben geschärfte. (Die drei von mir mittelzeitig
genannten sind als mit den entsprechenden geschärften zusammenfallend

zu lehren.) Läge hier nur verschiedene Zeitdauer, nicht auch verschiedener Klang vor, so müßten die Kinder nicht nur die geschärften Vocale aus den gedehnten ableiten, sondern auch sofort behalten können. Das ist nicht der Fall! Sie finden sie nicht, und es bleibt schließlich nichts übrig, als sie ihnen vorzusprechen. Sie behalten sie aber auch nicht sofort; sondern es bedarf der Repetition und des häufigen Corrigirens durch mehrere Wochen, ehe sie festsitzen.

g. Man gestatte mir noch einen fünften Beweis! Vielleicht sind sechsjährige Kinder nur zu blöde, um der vorher an sie gestellten Aufforderung zu genügen. Nun so bitte ich denn, die ältesten Schüler einer guten Anstalt aufzufordern, die einzelnen Selbstlaute in geschärfter Aussprache zu nennen. Die ganze Klasse 12—14jähriger Schüler müßte es doch können. Sie haben ja lesen gelernt und im orthographischen Unterrichte muß ihnen doch dieser Haupthalt in der Schreibung der Wörter mindestens als Correctiv zur vollsten Klarheit und Geläufigkeit gekommen sein! — Sollte es nicht gehen, so gestatte ich selbst jetzt noch die nöthige Belehrung, daß man „die Vocale, wie man sie im Alphabete immer hersagt, mit recht kurzer Zeitdauer sprechen solle". Einer so einfachen und klaren Anforderung werden doch sofort so alte Schüler einstimmig genügen?

Nun man überzeuge sich! Man kann wohl Andre, als Vierzehnjährige fragen!*) Das wäre doch wohl nicht, wenn es sich nur um „Zeitdauer" in der Aussprache handelte!

Aber — am Ende ist das grade ein Beweis gegen mich, insofern nämlich daraus gefolgert werden könnte, da ja so unendlich Viele lesen könnten und durch's Auge die Orthographie erlernt hätten, ohne diesen Unterschied zu kennen, so sei es überhaupt keine Nothwendigkeit, die geschärften Vocale besonders einzuüben. Da müßte ich denn freilich daran erinnern, daß die nach der Buchstabirmethode unterrichteten Menschen auch lesen lernten, ohne daß ihnen die in den Buchstabennamen enthaltenen Laute jemals zum Bewußtsein kamen, daß dies Jahrhunderte lang so fortgegangen ist und daß dennoch die Lautmethode nicht nur einzig naturgemäß und verständig zu nennen ist, sondern auch schneller zum Lesen führt, als das Buchstabiren. Kommt's nicht auf's „Wie" des Lernens an und reicht dasselbe nicht mit seinen Wirkungen über das einzelne Lehrobject hinaus? Ueber die Methode gleichgiltig denken, heißt das nicht jeden Fortschritt von sich stoßen? — Soll ich von der Orthographie auch noch reden? Ich müßte das eben Gesagte wiederholen; doch setze ich noch hinzu: Vornan in diesem Buche in § 2 unter Nr. 3 ist der orthographische Unterricht in 3 Abtheilungen gebracht. Wenn man unbedingt zustimmen muß, daß der erste Theil, die „Schreibung der Wör-

---

*) Welche Unklarheit darüber selbst unter gelehrten Leuten herrschte, zeigt die sonderbare Orthographie der Familiennamen.

Voß, Orthographie. 5

ter im Allgemeinen" durchs Auge erlernt werden kann, so hat der Leser sicher schon dort erkannt, daß bei den beiden Abtheilungen nicht nur Hülfe möglich, sondern unbedingt nothwendig ist. Aber sie ist auch bei der ersten Abtheilung möglich. Ich werde davon im folgenden Theile meines Buches zu handeln haben.

Ich darf jetzt wohl sagen: Wir haben funfzehn einfache Vocale. Sie müssen alle funfzehn gelehrt werden. Um jedoch den Gegenstand zu erschöpfen, erinnere ich nochmals daran, daß das geschärfte o und ö 2 selbstständige Laute sind und füge hinzu, daß es doch um des Lesens willen wohl nothwendig ist, dem Schüler klar zu machen, daß das geschärfte e und das geschärfte ä derselbe Laut sei, und um der Orthographie willen, daß der Laut e (wie er z. B. in „lernen" in jeder Silbe klingt) mit dem Buchstaben e und auch mit ä geschrieben werde und wann Letzteres nur geschehe.

§ 14. **Fortsetzung. Was helfen die Schärfungszeichen?**

Eigentlich bin ich von meinem früheren Ziele abgekommen. Im vorvorigen §. wurde ich darauf aufmerksam gemacht, daß ja die Schriftsprache die geschärften Vocale „kennzeichne", daß somit der Schüler sich wohl im Lesen zurecht finden würde, obwohl Silbe um Silbe den Schüler zur Wahl zwischen gedehntem und geschärftem Vocale herausfordre. Es ist nun am Orte, darauf einzugehen. Eine wie gute Hülfe die sogenannten Schärfungszeichen (ll, nn, tz, ck u. s. w.) seien, davon kann sich Jeder bald überzeugen, wenn er die Kinder bei einer Wiederholung zu denjenigen Seiten der Fibeln führt, auf welchen ihre Verfasser mit den Schärfungszeichen bekannt machen. Da geht es verhältnißmäßig glatter, als anderwärts. Das macht die Gleichartigkeit des Baues. Hat Jemand aber seine Kinder eigens mit den einzelnen geschärften Vocalen sicher und fest bekannt gemacht, wie ich es seit mindestens einem Decennio that, so geht es dort ohne Anstoß. Ein Fingerzeig! —

Wir haben also im Deutschen erstlich drei gedehnte Vocale (u, i, ü) mit welchen drei geschärfte und drei von mir incorrect „mittelzeitige" genannte parallel laufen, dann zwei gedehnte (a, e) welchen zwei geschärfte entsprechen; ferner zwei geschärfte (o, ö) und endlich drei gedehnte (o, ö, ä), also acht gedehnte, sieben geschärfte und drei mittelzeitige, in Summa achtzehn. Läßt man die drei mittelzeitigen dem Kinde gegenüber nur als eine leichte Modification der entsprechenden geschärften gelten*), wiewohl das unwahr ist, so hätte man von funfzehn Vocalen zu reden. Die drei mittelzeitigen nicht besonders zu lehren, das gestattet ein verständiger Unterricht wohl, denn der Anfänger wird, indem er in bezüglichen Sil-

---

*) Man geht nur auf den verschiedenen Klang der mittelzeitigen ein, sobald sie das Kind in der Orthographie mit gedehnten verwechselt, was namentlich bei i vorkommt, und giebt sie dann für geschärfte mit etwas hellerem Klange aus.

ben ben geſchärften Vocal leſen will, nimmermehr dieſen, ſondern ben parallelen mittelzeitigen hervorbringen, weil die Organſtellungen der darauf folgenden Conſonanten ſie beſtimmen. — Sollte der Anfänger ohne Weiteres wirklich ſelbſtſtändig die Laute zu Silben ſammeln, d. i. leſen, ſo müßte die Sprache für die 18 (15) vocaliſchen Klänge auch 18 (15) Zeichen haben. Bis heute hat man von acht Selbſtlauten und ihren acht Buchſtaben und vom orthographiſchen Standpunkte aus von zwei für Leſen und Orthographie gleich nutzloſen Begriffen, von Dehnung und Schärfung geredet; in den meiſten Schulen im Leſen aber auch nicht davon, ſondern von acht Vocalen mit acht Zeichen, in manchen von abgeſonderten Schärfungs = und Dehnungszeichen. Die nachfolgende Tabelle zeige uns den wahren Verhalt.

1. Gedehnte
einfache Vocale: i |a |e |o |u |ü |ö |ä
Buchſtaben dafür: ie ih i|a ah aa|e eh ee|o oh oo|u uh|ü üh|ö öh|ä äh

2. Geſchärfte u. mittelzeitige Vocale: u |i |ü |a |oa |oaö | e
Buchſtaben dafür: u |i |ü |a |o |ö | e ä

Zur Bezeichnung der 15 einfachen Selbſtlaute dienen 28 Buchſtaben anſtatt 15. Vier gedehnte haben je dreifache Bezeichnung (i, a, o, e), die andern vier je zweifache, jeder geſchärfte hat je eine, doch e hat zwei Bezeichnungen. Die Buchſtaben für die ſieben geſchärften Laute ſind nun aber ganz dieſelben, wie die einfachen bei den einzelnen gedehnten Lauten. Die zweiten Zeichen der gedehnten (ah u. ſ. w.) ſind nicht eigne ſelbſtſtändige, ſondern aus den einfachen erſten und einem Mitlautbuchſtaben combinirte; die dritten Zeichen von drei der gedehnten Vocale (aa u. ſ. w.) ſind Verdoppelungen der einfachen Selbſtlautbuchſtaben, das dritte Zeichen von i iſt aus dem einfachen Buchſtaben und einem andern Vocalbuchſtaben zuſammengeſetzt, und endlich wird das geſchärfte e mit zwei Buchſtaben, wovon der eine (ä) bei den gedehnten einen ganz andern Laut vertritt, bezeichnet.

Das iſt bunt; doch wer kann's ändern? Das iſt aber dem kleinen Leſeſchüler doch wohl noch bunter, wenn man, wie bisher, den zweiten Theil der combinirten Zeichen (ie, ah, eh, oh, uh, äh, öh, üh, ih, aa, ee, oo) gar nicht als Theil eines Lautrepräſentanten (Buchſtaben) lehrt. Ich dächte, es wäre dieſe Nothwendigkeit bis zur Evidenz bewieſen, und hier ließe ſich nun auch ſchon die Nothwendigkeit begreifen, den elementaren Leſeſtoff nach lauter gedehnten und geſchärften Silben zu ſondern, da es auf der Hand liegt, daß man ſo dem kleinen Kinde in das große eben beſprochene Gewirr Vereinfachung trägt, wobei man denn vorzugsweiſe daran zu denken hat, daß ebendieſelben Vocalzeichen ſowohl den gedehnten als auch den geſchärften Laut repräſentiren.

Doch überzeugen wir uns näher, ob die von mir angerathene und

in meiner Fibel durchgeführte Trennung nothwendig sei; die Schrift=
sprache „kennzeichnet ja die gedehnten und geschärften Vocale"!
Haben wir nun einmal nicht funfzehn einzelne einfache Buchstaben
für die funfzehn einfachen vocalischen Klänge, so könnte man mit acht
sich begnügen. Diese acht würden dann immer den gedehnten Vocal be=
zeichnen, sobald dahinter nicht durch das Doppelzeichen des Mitlautes
angedeutet wäre, es sei der geschärfte gemeint. Von Dehnungszeichen
aber neben Schärfungszeichen zu reden, das hat keinen Sinn, das hebt
sich gegenseitig auf. Dieser Widerspruch läßt sich nur heben, sobald man
ie, ah, eh u. s. w. als Einheit faßt und nur noch von Schärfungszeichen
redet, oder wie es heißen muß, von Bezeichnung des geschärften Vocales.
Es könnte auch das Entgegengesetzte statt haben, um mit acht Zei=
chen für funfzehn Laute auszukommen. Die gedehnten Vocale müßten in
jeder Silbe auf irgend eine Weise bezeichnet sein; dann würde man die
geschärften an dem Mangel des Zeichens erkennen. Doch was für eine
Schreibung würde das geben! Wir haben aber die Orthographie zu laſ=
ſen wie sie ist.
Wie steht es nun eigentlich mit der Bezeichnung der geschärften
Vocale?

1. Nach dem geschärften Vocale folgt das Doppelzeichen des
nächsten Mitlautes; aber nur in der Hauptsilbe (ll, tt, pp, ck, tz,
ſſ, ß u. ſ. w.).

2. Die Nebensilben tragen keine solche Bezeichnung an sich.

3. Die Stellung kennzeichnet die geschärften Selbstlaute. Dar=
unter ist zu verstehen, man wisse, daß ein Vocal ein geschärfter sei, so=
bald darauf unmittelbar mehr als ein Consonant folgt (z. B. Rand).
Diese Positionsregel hat neben dem der Consonantzeichenverdoppelung
ein großes Gebiet im deutschen Wörterschatze.

4. Ist der zweite Mitlaut aber nur durch Beugung (Conjug.,
Compar., und auch manchmal Declin.) hinzugetreten, so zeigt das Vor=
kommen von mehr als einem Mitlautzeichen nicht den geschärften Laut
an (z. B. raſ't, trabt, klarſte, Tags). Das macht das Kind leicht an der
Positionsregel irre. Ich helfe durch § 12, 13, 17, 18 im I. H.=Ab. und
§ 8 im II. H.=Ab., indem im Dictirschreiben an jenen Stellen auf das
Zurückgehen zum Infinitiv gehalten wird. Schon durch das mehrfache
Lesen genannter §§. lernt der Schüler, es trete hier stets t oder ſt an.
Bei Contraction ist es l oder r z. B. table, pudre. (S. III. H.=Ab. m.
Fibel § 10 d.)

5. Findet sich in der Hauptsilbe der Beugungsformen ein geschärfter
Vocal, so muß er durch das Doppelzeichen des Consonanten vor Antritt
der Endung bezeichnet werden, z. B. schafft, trittſt. Lernt das Kind nun
nicht diese Endungen kennen, so treten ihm wiederum diejenigen Wörter
störend dazwischen, welche t oder ſt in der Hauptsilbe haben. (S. m.
Fib. II. H.=Ab. § 3 eine Menge solcher mit t und ſt und noch andre in

§ 5, 6, 8. Und das sind nicht bloß etwa Substantiva. Man denke an „alt, schalt".)

6. Es giebt in der deutschen Sprache fünfundzwanzig einsilbige Wörter mit einfachem Auslaut, in welchen der geschärfte Vocal nicht bezeichnet ist, z. B. um, zum, hat. — Meine Fibel bringt sie in § 1 des II. H.=Ab. vollzählig. — Ich muß hierbei noch erinnern an „bis" neben „Biß", „man" neben „Mann" u. s. w.

7. Daneben haben wir hinwieder acht einsilbige, welche ungemein oft auftreten mit gedehntem Vocale und obenein mit unnormaler Schreibweise. Sie heißen: er, wer, der, wem, dem, wen, den, her.

8. Es findet sich der Mangel des Schärfungszeichens noch in fünfundbreißig andern Wörtern, die theils zwei=, theils einsilbig sind. Bei letzteren ist die geschärfte Aussprache jedoch nicht überall in Deutschland gebräuchlich (z. B. Glas, Lob, Grab *). S. III. H.=Ab. m. Fibel § 11).

9. Folgt dem Vocal ein ch oder sch, so ist er ein geschärfter (s. meine Fibel II. H.=Ab. § 1, 3,).

10. Daneben giebt es aber wieder circa vierzig Wörter, in denen der Selbstlaut nicht ein geschärfter ist, obwohl ch oder sch folgt. (In § 10 b. III. H.=Ab. m. Fibel sind sie sämmtlich aufgeführt.) In Schreibschrift trübt der Umstand, daß wir für die Laute f mit t ein einfaches Zeichen haben, die Positionsregel.

11. Es ist verwirrend, daß unsre Schriftsprache für Schluß doppelt s (z. B. Faß) einen einfachen Buchstaben hat und zwar denselben, welcher den Laut ß bezeichnet. Vor letzterem steht stets ein gedehnter Vocal, vor ersterem natürlich ein geschärfter. Den Grund, daß die Sprache hier ein und dasselbe Zeichen hat, wird man in dem Umstande finden, daß viele Wörter mit dem Laute ß von Wörtern mit ff abstammen, z. B. fressen, fraß, fräße. — Es muß der Anfänger natürlich den Laut ß mit dem Schärfungszeichen verwechseln, und bei solchen Wörtern fortwährend anstoßen. Deshalb bringe ich im ganzen I. H.=Ab. m. Fibel keine Wörter mit dem Laut ß am Schlusse, deshalb führe ich alle mit ß in besondrer Sammlung vollständig im § 16 b. III. H.=Ab. auf. Die Verwandlung des ff in ß am Schlusse ersieht der Schüler dagegen aus dem II. H.=Ab. § 2.

12. Während der Regel nach das Auftreten von mehr als einem Consonanten anzeigt, daß der vorausgehende Vocal ein geschärfter sei (Positionsregel!), giebt es doch wieder circa siebzig Wörter, welche dabei den gedehnten Vocal haben, z. B. Magd, Krebs. Ich führe sie sämmtlich in m. Fibel III. H.=A. § 10 auf. Da haben wir eine zweite Trübung der Positionsregel! — In achtzehn davon klingt das e wie ä.

---

*) Wer meine Fibel gebraucht, der muß die unter diesen 35 Wörtern, welche in seiner Gegend mit gedehnten Vocalen gesprochen werden, von den Kindern mit Bleistift durchstreichen lassen.

13. Wir haben sogar Wörter mit Schärfungszeichen, in denen der gedehnte Vocal voraufgeht. (S. m. Fibel III. H.=Ab. § 10e.) — Es giebt in unsrer Sprache auch Wörter mit ie, welche in manchen Gegenden ben geschärften Vocal haben (III. H.=Ab. § 12).

14. In den Nebensilben ist der geschärfte Vocal nie gekennzeichnet, außer in miß und niß. Es treten neben solchen mit geschärften auch solche mit gedehnten Selbstlauten auf, als bar, sal, sam, thum. In meiner Fibel werden die beiden Arten in ganz verschiedenen Abschnitten vorgeführt, durch lange Zeit geschieden.

15. Die Silben er, en, el, es, em, et, ben, ben, sen u. s. w. bel, del u. s. w. ber, der, her haben das geschärfte e. Daneben giebt es die Wörter er, der, den, dem, wer, her. Und daneben wieder denn, Herr, deß, weß. Neben der Vorsilbe er mit geschärftem Vocale giebt es das Wörtchen er mit gedehntem. Beide kommen sehr oft vor!

16. Wer sagt dem Anfänger im Lesen, ob er ein zusammengesetztes Wort vor sich habe oder eines mit Nebensilben? Und so hilft ihm auch der etwanige Fingerzeig, die Nebensilben immer mit geschärftem Vocale zu lesen, nicht, — wenn überhaupt hierbei bloß ausgesprochene Regeln etwas hülfen. (Eine Nöthigung, die Ableitungssilben in besondern §§. der Fibel vorzuführen. Wir kennen bereits eine andre dazu!)

17. Die Silben er, en, el, ig, lich, isch haben den geschärften Vocal; gehen jedoch ihre Endconsonanten zur nächsten Silbe, so tritt dafür der gedehnte ein, z. B. König, Königin, golden, goldene. (In m. F. III. H.=Ab. § 9 liest sich das Kind dies ein!)

18. Während in den Hauptsilben ie das gedehnte, i das geschärfte i anzeigen, steht in den Nebensilben für jedes i der Buchstabe i.

19. Daneben tritt aber auch das i in der Hauptsilbe als Zeichen des gedehnten i auf. (S. alle diese Wörter in meiner Fibel III. H.=Ab. § 9).

20. Das geschärfte e hat zur Bezeichnung e und ä. Dies verwirrt, da das Kind beide in gedehnter Aussprache mit verschiedenem Klange kennen lernte, daher kein Wort mit ä; auch aus Sparsamkeit! —

21. Wir besitzen Wörter, die bei gleicher Schreibweise je nach der Bedeutung entweder gedehnte oder geschärfte Worte haben. Da sie das Kind jedenfalls kennen lernen muß, so führe ich sie paarweise in besondern §§. auf. S. m. F. III. H.=Ab. § 19 sub 5 u. 6.

22. Die §§. 19, 20, 21, 22 im III. H.=Ab. legen ebenfalls dar, was ich beweisen will.

§ 15. Schluß über Dehnung und Schärfung.

Indem ich hier abbreche, dürfte sich wohl gezeigt haben, daß der Verwirrungen und Schwierigkeiten kein Ende ist, und daß einige Seiten in der Fibel, welche mit den Schärfungs=, und andre, welche mit den Dehnungszeichen bekannt machen, dem Schüler nicht helfen können. Das

Vorkommen von drei Arten Dehnungs= neben den Schärfungszeichen, der Schärfungsbezeichnung durch Position, der vielfachen Ausnahmen von Dehnungs= und Schärfungsbezeichnung, Trübung der Positionsregel, das Vorkommen gleichklingender Wörter mit andrer Schreibweise, gleichgeschriebener Wörter, welche sich durch gedehnten oder geschärften Vocal unterschieden, dies Alles muß im Schüler grenzenlose Verwirrung anrichten. Er muß sich auf das Errathen legen und der Lehrer hat fort und fort zu corrigiren, so lange die Fibel ihre Wörtersammlungen fast einzig nach Consonantenhäufungsschwierigkeiten ordnen. So geschah es bisher! Es ergiebt sich als unbedingte Nothwendigkeit, denke ich, daß der elementare Lesestoff in seinem ersten Abschnitte nur Wörter mit lauter gedehnten, im zweiten nur solche mit geschärften Silben bringe, daß die geschärften Vocale ebenso wie die gedehnten einzuüben sind, daß in jedem der beiden Hauptabschnitte nur die normalen Buchstaben auf= treten dürfen, daß aus beiden jede Schwierigkeit fern zu halten sei, welche unter den 22 Nummern so eben besprochen wurden. — Daß die Abstufung in jedem Abschnitte nach Lauthäufungsschwierigkeit zu machen, und daß die Silbentrennungsschwierigkeiten daneben berücksichtigt werden müssen, wie auch der Silbenaccent, ist bereits des Weitern gesagt. Ge= schieht dies Alles, so geht das Lesen ohne Vorsagen und Corrigiren Sei= tens des Lehrers und ohne Recurriren auf seinen Wörterschatz, ohne Er= rathen Seitens des Kindes. Der Schüler verfährt dann aller Orten selbst= thätig, bewußt, er hat überall einfach nur die Laute aneinander zu schieben, d. h. zu lesen (sammeln, legere). Sollte es mir nicht gelungen sein, einen der geneigten Leser von der Nothwendigkeit zu überzeugen, daß eine Fibel den von mir besprochenen Bau haben müsse, den bitte ich dringendst und herzlichst, um der Lesequal der Kinder und Lehrer willen, sich auf praktischem Wege die Ueberzeugung zu verschaffen! Ein einziger Lehr= cursus wird mehr sagen, als dieses Buch! Und privatim ist ja der Ver= such bei einer Ausgabe von einigen Groschen leicht angestellt!

Unrichtig kann das Kind nach meiner Fibel nur noch lesen, wenn es unaufmerksam war oder der Lehrer zu schnell vorwärts eilte. Zum Errathen wird das Kind nur noch kommen, wenn man es zum schnellen Lesen auf der jedesmaligen Stufe drängt.

Am Schlusse des II. H.=Ab. m. Fib. angelangt, welcher in Bezug auf Lauthäufungs=, Silbentrennungs= und Betonungsschwierigkeit gleich= zeitig ein Repetitionscursus ist, wird der Schüler je nach seiner und seines Lehrers Beschaffenheit leidliche Wörterlesefertigkeit haben, sicher aber Silbenlesefertigkeit. Jetzt führt ihm mein III. H.=Ab. alles Abnorme, alle speciellen Leseschwierigkeiten vor. Da jede einzelne durch eigne Wörtersammlung erledigt wird, so hört sie auf, Schwierigkeit zu sein. Es kommen auch die zurückgestellten Buchstaben daran. In § 1 lernt der kleine Leseschüler das zweite Zeichen für den Laut f (v, W), in

§ 2 das zweite Zeichen für t (th Th), in § 3 das zweite Zeichen für ei (ai Ai), in § 4 äu Aeu, in § 5 das dritte Zeichen für a, e, o (aa, ee, oo) u. s. w. kennen. § 6 bringt in Abstufungen nach verschiedenen Rücksichten sämmtliche deutsche Wörter, in welchen e wie ä klingt. Natürlich meine ich hier wie überall, wenn ich „sämmtlich" sage, nicht die Ableitungen und Zusammensetzungen mit *). Dem Kinde wird einfach gesagt, es klinge e in manchen Wörtern wie ä, hier seien alle, man müsse sie sich merken. Dann geht natürlich das Lesen ohne Vorsagen, Corrigiren u. s. w. So geht es durch den ganzen Abschnitt.

Natürlich treten in ihm Silben mit gedehnten und solche mit geschärften Vocalen in buntem Gemisch auf. Wie wird es nun mit der Unterscheidung? Nun wenn jetzt der Schüler nicht zum Bewußtsein über die beiden Arten Vocale gelangt ist, nachdem jede in einem besondern Abschnitte auftrat, dann wird er wohl nimmer dazu gelangen! Er hat sich die gedehnten im I. H.=Ab. in zweifacher Schreibweise (a, — ah u. s. w.) eingelesen und eingeschrieben. Im zweiten geschah es mit den geschärften ebenso. Bei gehöriger Scheidung der Wörter daselbst hat er sich die zweifache Bezeichnung des geschärften Vocales a. durch Verdoppelung des nächsten Consonanten, b. durch Position, wie auch die zweifache Trübung des Positionsgesetzes bei Verben in §. 13, 17, 18 des I. H.=Ab. und §. 8 des II. H.=Ab. eingelesen und eingeschrieben. Er hat sich auch alle Ableitungssilben mit Ausnahme von „thum" eingeprägt und die Silbentrennungs= und Silbenbetonungsgesetze ebenso erlernt. Was kann ihm jetzt noch hinderlich sein? Der III. Abschnitt ist die Probe über das Alles!

Doch wie wird es später nach dem elementaren Theile in den Lesestücken der Fibel und in andern Büchern? Alles was Gesetzmäßiges im Lesen des Deutschen ist, lernte er in den beiden Hauptabschnitten, alles Schwere, Abnorme in vollständigen Wörtersammlungen im dritten. Eben deshalb, damit ihm später nicht neue Schwierigkeiten entgegentreten, sind meine Sammlungen den Sprachschatz erschöpfend. Da die abgeleiteten Wörter natürlich nicht aufgeführt wurden, so werden entsprechende schriftliche Aufgaben gut sein. Uebrigens findet sich der Schüler in den abgeleiteten Wörtern mit Hülfe von Analogieen auch dohne zurecht.

§ 16. Das Lesen von Sätzen.

Irre ich mich, wenn ich sage, das Lesen der Wörtersammlungen in den Fibeln unterscheide sich jetzt nur durch die Anordnung nach Consonanthäufungsschwierigkeit und in manchem Büchlein durch einige Vorarbeit

---

*) § 4, 6, 10, 11, 12, 14, 15, 16, 17, 18 im III. H.=Abschn. sind aber auch in Bezug auf die durch Ableitungssilben gebildeten Wörter vollständig.

für Silbentrennung von dem Lesen zusammenhängender Rede? Muß der Schüler aber jetzt auf seinen Wörterschatz im Kopfe sich stützen, außer bei den wenigen Wörtern in lautgetreuer Schreibung, worunter eine viel geringere Anzahl zu verstehen ist, als die Schreiblesefibeln darunter verstehen, — sollte es da nicht besser sein, ihm gar nicht zusammenhanglose Wörter vorzuführen? Der Inhalt der Sätze einer zusammenhängenden Rede muß ihn, wenn diese nur in seiner Sphäre liegt, doch wohl besser leiten bei jedem Worte, als bei zusammenhanglosen Wörtern die Physiognomie der einzelnen, soweit der Schüler auf der jedesmaligen Stufe sie zu überschauen vermag? Die **Betonung** wird wahrlich nicht als Hinderniß gelten können, denn sie ergiebt sich aus dem Verständniß des Gelesenen! In der That sind wir auf dem geradesten Wege dazu. Kenne ich doch eine sehr beliebte Fibel, welche auf zwölf Octavblättchen das Lesen zusammenhangloser Wörter abthut. Selbst das Anordnen der letztern nach Lauthäufungsschwierigkeiten wird bereits in den meisten neuen sehr obenhin abgemacht, da man wähnt, das Verfahren der Schreiblesemethode gestatte dies. Die Ansicht, je früher Sätze, desto besser die Fibel, scheint sich immer mehr Boden zu verschaffen. **Ist das nicht, als habe man über dem Streben nach Inhalt die Form, den Schüler mit seiner Ohnmacht, den nächsten Zweck der Fibel vergessen?** Von meinem Standpuncte aus kann ich, wie schon gesagt, im elementaren Theile der Fibel Sätzen **nur dann** eine Berechtigung zugestehen, wenn sie aus den bereits gelesenen zusammenhanglosen Wörtern gebaut sind, und dies sowohl um des Inhaltes, als der Form willen! So bringt denn meine Fibel nach jedem §. im elementaren Theile Sätze, welche nur aus Wörtern der voraufgehenden und des soeben absolvirten §. bestehen. Wer über diese Formschwierigkeit nur etwas nachdenkt, wird die Sätze freundlich beurtheilen. Sie sind ein Werk sehr großer Mühe! Daß für den Leseschüler in ihnen der Form nach jederzeit eine **Repetition** der voraufgehenden §§. liegt, daß sie ein untrüglicher Prüfstein sind, ob das Kind zum Weitergehen reif sei, ergiebt sich von von selbst! — Wenn die methodische Abstufung im elementaren Theile meiner Fibel eine bis in die **einzelnen Zeilen** der Wörtersammlungen hinabgehend so strenge ist, wie in keiner vorhandenen, wie man dies im Allgemeinen schon sofort nach dem Lesen dieses Buches zugeben wird, so dürfte in meinen Sätzen eine Versöhnung der beiden streitenden Parteien liegen, von denen die eine die **Form**, die andre den **Inhalt** einer Fibel voran stellt.

§ 17. Rückblick auf die ganze Abtheilung und das Lesen nach Analogieen.

Blickt der geehrte Leser mit mir zurück, so hoffe ich, es werde auch der nicht vorurtheilsfreie mir nicht ableugnen, ich hätte wirklich Leseschwierigkeiten aufgedeckt, Mängel der Fibeln nachgewiesen, und dann in Sichtung des Stoffes, dem Aufstellen des elementaren Lesestoffes in zwei Hauptabschnitten, — wobei die beiden Gruppen Vocale als fundamentum dividendi dienen müssen, — und dem Nachtragen alles dessen in eignen vollständigen Wörtersammlungen, was den Lernenden im selbstständigen Lesen beirrte, wirklich Abhülfe gebracht. — Wie nun? Annehmen oder Ablehnen? Habe ich die Wahrheit gesagt, ei, so sollte man meinen, Annehmen mit Freuden und helfen weiter bauen um des Gewissens willen. Doch, — ich will dem Gegner noch eine Waffe aus der Hand winden! — Man kann die **Größe** der mir sämmtlich in der Praxis entgegengetretenen und gefundenen Schwierigkeiten ableugnen wollen mit der schon erwähnten Ausrede, es hätten ja so viele Millionen lesen gelernt trotz dieser Schwierigkeiten, mithin sei es damit nicht so schlimm, ein gutes Verfahren, z. B. die Schreiblesemethode, helfe darüber herrlich hinfort und mache die Reform der Fibel, wie ich sie als nothwendig nachzuweisen mich bestrebte, unnöthig. Dem stelle ich entgegen:

a. Die beste der bekannten Methoden verwerfe ich nicht, raube auch Niemandem die von ihm als die beste anerkannte; **jede ist bei meiner Fibel anwendbar und wird bessere, als die bisherigen Resultate liefern, wenn ich wirklich Schwierigkeiten hob.** Zu leicht wird es trotzdem wohl nicht werden!

b. Aber daß der elementare Leseunterricht der schwierigste, ermüdendste von allem auf erster Stufe ist, wird jeder aufs Gewissen gefragte Lehrer bestätigen. Es bezeugen dies auch die Unzahl Fibeln und Leselehranweisungen, die sich fortwährend in verhältnißmäßig kurzer Zeit folgen; Hülfe thut doch noch noth um des armen Kindes und geplagten Lehrers willen! Ja wenn alle Lehrer so wären wie die erfahrensten in diesem Fache, so frisch blieben, wie junge sind, und die Schüler nicht so, wie sie sind!

c. Es ist mir bekannt, wie man jetzt zum fertigen Leser wird, womit der Schüler alle Schwierigkeiten überwindet, der eine bald, ein andrer erst nach Jahren, Viele kaum am Ende der Schulzeit, gar Viele auch nimmer, je nach Anlagen, Tüchtigkeit des Lehrers und Beschaffenheit andrer eingreifenden Factoren.

Gehen wir auf die Art ein, **wie die Kinder alle Leseschwierigkeiten überwinden**, welche ich aufdeckte, die von vielen meiner geehrten Leser im Laufe unsrer Betrachtungen gewiß längst **als in der eigenthümlichen Beschaffenheit unsrer Orthographie wurzelnd erkannt wurden**, und welche ich mit Correction in Behandlung des Hauptgesetzes, des nämlich über Dehnung und Schärfung, zu heben suche! Was *lautgetreu* geschrieben ist, liest der Schüler selbstthätig, ganz selbstständig. — Hierbei darf aber ja nicht vergessen werden, daß er nur so weit es kann, als nach dem bisherigen Verfahren die vorgezeigten einzelnen Buchstaben die Laute wirklich decken. Dies schränkt die Zahl der Wörter, welche er selbstständig lesen kann, auf eine sehr geringe ein. Es sind nur die mit gedehntem Vocale in jeder Silbe, darunter aber wieder nur die ohne die sogenannten Dehnungszeichen. Darunter scheiden noch die wieder aus, in welchen e wie ä klingt, und nach fast allen Fibeln auch die, in welchen st beinahe wie scht und sp wie schp lautet, sobald man in der Gegend so spricht. Lehrt man die Vocale mit den Dehnungszeichen als Einheit und zweite Bezeichnung des gedachten Selbstlautes, führt man die Vocale in sogenannter geschärfter Aussprache seiner Zeit als selbstständige Laute vor, lehrt man in den betreffenden Gegenden st und sp als Anlaute, wie sie gesprochen werden u. s. w., erweitert man also den Begriff lautgetreuer Schreibung, dann kann und muß der Schüler alle Wörter der deutschen Sprache selbstständig lesen können, sobald man daneben die Silbentrennungs- und Betonungsschwierigkeiten nicht zu berücksichtigen vergaß. Ausgeschlossen sind alsdann nur die im III. H.-Ab. m. Fibel. Diese aber können wiederum selbstständig gelesen werden an ihrem Orte, da sie nicht bunt durch einander, sondern in einzelnen durch ein zurechtweisendes Wort des Lehrers zu regierenden Sammlungen auftreten. —

Was nicht lautgetreu geschrieben ist in dem bisherigen engen Sinne, das muß der Lehrer sagen, — wie dies nach meinem Verfahren im III. H.-Ab. m. Fib. bei den Wörtern geschieht, in welchen e wie ä klingt (§ 6), in welchen die Position ausnahmsweise nicht schärft (§ 10), in welchen die Schärfung nicht bezeichnet ist (§ 11), in welchen nach örtlicher Redesitte trotz des Zeichens für den gedehnten Vocal der geschärfte gesprochen wird (§ 12), also nur in vier Fällen. — Um wieviel mehr aber der Lehrer jetzt belehrend über die Aussprache zu sagen habe, ist leicht nachzuweisen, aber auch nicht in's Gewicht fallend. Sehr wichtig aber ist es, zu welcher Zeit man sagt, die Buchstaben deckten nicht die zu sprechenden Laute, ob erst dem beinahe fertigen Leser, wie es nach meiner Fibel erst im III. H.-Ab. geschieht, oder schon auf den ersten Seiten des gesammten elementaren Lesestoffes, wo es dem Kinde allen Muth nehmen muß, wo es seine Selbstthätigkeit ertödten heißt. Aus diesem Grunde mit, die Lust zum Gegenstande und die Selbstthätigkeit des Kindes immer wieder anzufachen, erforderte der Leseunterricht bisher große Geistesfrische, und deshalb griffen und greifen Lehrer und Fibeln zu so manchen anreizenden Mitteln, als zu Hülfe in der Noth.

Wollte Jemand das Belehren des Schülers auf erster Stufe darüber, daß mit den Buchstaben theilweise andre Laute bezeichnet werden, als man ihm beim Vorzeigen der einzelnen sagte, und daß er wiederum andere gar nicht lesen müsse (h nach a u. s. w., e nach i u. s. w.), nicht so verderblich finden, den muß ich an das Folgende erinnern. Hilft denn das Belehren bei einem so schwachen Kinde? Man sehe sich den III. H.-Ab. m. Fib. an, soweit er hier anzuziehen ist, und bedenke, wie

oft der Lehrer corrigiren muß, sobald alle diese von mir ausgeschiedenen
Wörter im bunten Gemisch im elementaren Lesestoffe von der ersten Seite
ab mit unterlaufen! Man hat aber nicht bloß im III. H.=Ab. m. Fib.
in einzelnen §§ enthaltene Wörter als die störenden anzusehen, sondern
Silbe um Silbe, in jedem einzelnen Worte die Wahl zwischen
gedehntem und geschärftem Vocale durch den ganzen elementaren Theil
der Fibel hindurch, mit Ausschluß der kaum nennenswerthen Stellen, in
welchen die Fibeln ausschließlich die Schärfungs= und Dehnungszeichen
vorführen. Sagte ich, des Corrigirens Seitens des Lehrers sei kein Ende,
so versteht sich von selbst, daß auf den Schüler, wie auf die Geschicklich=
keit des Lehrers, seine Frische und auf seine Methode noch viel ankommt,
und daß dies in verschiedenen Schulen auch verschiedene Erfolge giebt,
auch die Zahl der zu corrigirenden Wörter bedeutend herabsetzt. Es kann
auch nachgewiesen werden, bei welchen Arten es möglich ist; aber das
ändert im Ganzen an der Sachlage in keiner Schule zu viel. Und
wenn man alles Andre fortschaffen könnte, so blieben mindestens die §§ 6,
10, 11, 12 und die Wahl zwischen gedehntem und geschärftem Vocale auch
in der besten Schule als Störer. — Dem Corrigiren kann man frei=
lich ein Ende machen und ihm ist grade in den schlechtesten Schulen
von jeher nicht einmal ein Anfang gegeben! Die Kinder lernen ihre
Fibeln Wort für Wort auswendig. Dabei führen sie die aus dem frühern
Cursus zurückgestellten ältern als die Wissenden mit dem Schlüssel zu
dem räthselhaften Büchlein, ihrem Gedächtniß, und der Lehrer hilft ein,
wo es einmal stockt. Daher auch der Widerwille gar vieler Lehrer gegen
neue Fibeln. Hat man sich doch so schön „eingearbeitet", daß man kaum
noch vorzusagen nöthig hat! Das nennt man Leseunterricht und —
ich rede nicht von einzelnen Schulen! Dabei merkt man gar nicht,
daß der Schüler nicht liest, sondern abgerichtet wird und auswendig
lernt, deshalb fühlt man auch nicht das Bedürfniß einer bessern Methode,
sondern ist mit dem meist selbst zurechtgestellten, wenigstens umgemo=
delten Verfahren ganz beim Anfange, kaum über das Lesen der ein=
zelnen Buchstaben hinaus sehr zufrieden, spricht wohl gar von solchem
Anfange als von seiner Methode und kann nicht begreifen, wie es
nach diesem Anfange etwas Andres geben könne, als „Lesenlassen" und
immer wieder Lesenlassen, wobei man gemüthlich auf= und abspaziert.
Vor Allem der Wahrheit die Ehre, soll's besser werden! In so gebil=
deten, wollte ich sagen verpfuschten Lesern kann die Lesekraft nur durch
das spätere Schreiben (nicht kalligraphisches!) wieder wach gerufen
werden. Geschieht dies nicht, so können sie nur die Wörter lesen, welche
sie auswendig lernten und andre nur, sobald und soweit sie sich dieselben
mittels Analogieen erschließen. Bei manchen kommt es während der
ganzen Schulzeit nicht dahin! „Das Kind", sagt sein Lehrer, „will
durchaus nicht lesen lernen, und — ist doch sonst nicht so dumm!" So
weit auch die beste Methode in der Hand des tüchtigen und fleißig arbei=

tenden Lehrers den Schüler nicht über das Errathen und also über das Appelliren an seinen Wörterschatz im Kopfe, dem Lehrer andrerseits nicht über das Corrigiren hierbei hinweghelfen kann, — den Umfang dieses Gebietes kennen wir, — nun so weit tritt eben Beides anfänglich ein, und natürlich insofern, als es die Fibel nicht in einzelnen Fällen durch Sichtung verhindert. Am meisten thun dies unter den mir bekannten die von Böhme und die von Hästers; aber — jene oben genannten 4 §§ und als Hauptsache der Unterschied der beiden Gruppen von Vocalen steht überall als Hemmniß. Wie kommt der nachgehaltene kleine Leseschüler darüber hinaus? Die Antwort lautet: „Mittels Analogieen!" Was ist darunter zu verstehen?

Das Kind läßt sich, besonders von da ab, wo es schon leidlich Silben überblickt, durch das Gleichartige, das Gesetzmäßige in größern wie in kleinern Wörtergruppen, leiten, — im Regelrechten wie in Ausnahmen. Es wird nöthig sein, dies an einem Beispiele zu erläutern. Es fühlt nach vielem Stolpern und Fehlen beim Errathen früher oder später, — je nachdem, — daß ein nachfolgendes ch den vorausgehenden Vocal in geschärfter, ihm ebenfalls nach und nach dunkel ins Gefühl gekommenen Aussprache fordere. Ihm wäre geholfen, wenn es hiervon nicht wieder Ausnahmen gäbe. (Siehe sie sammt und sonders III. H.=Ab. § 10 vorn an!) Es sind alle Wörter, in welchen sich ein u findet, einige mit a, ä, ö und ü und eins mit o. Mit der Zeit liest das Kind es sich auch ein, daß ein u vor ch nicht das geschärfte sei. So weit reicht das Lesen nach Analogieen. Alle andern Wörter mit ch müssen mit ihrer Physiognomie durch vieles Lesen dem Gedächtnisse eingeprägt werden. Bis dahin giebt es· Seitens des Schülers und Lehrers das oft genannte Verfahren des Errathens u. s. w. Muß sich aber nicht Gesetz wie Ausnahme sammt der Regel in letzterer viel schneller einprägen, wenn seiner Zeit das Gesetz (II. H.=Ab. § 1 u. s. w.) in vielen Beispielen bei einander nicht sporadisch bunt durch einander gelesen wird, wenn Ausnahmen nicht vorkommen, und, sobald dies später geschieht (III. H.=Ab. § 10), auch durch zweckmäßige Anordnung das Geregelte darin hervorspringt? — Ich muß es dem geneigten Leser überlassen, sich mehr Beispiele aus meinem III. H.=Ab. abzusehen, aber dabei auch nicht zu vergessen, daß bis heute auch alle geschärften Vocale mittels Analogieen zu erschließen sind. Es wird sich dabei herausstellen, daß es dem Schüler viel hilft, sich durch Analogieen leiten zu lassen, aber auch, daß viele Wörter rein und gradezu dem Gedächtnisse einzuprägen sind. Auf welchem Wege mein Schüler zu Analogieen kommt, zeigte ich so eben.·. Nach Gebrauche meiner Fibel hat sich das Kind in andern Büchern darauf nur zu stützen bei Wörtern, welche von den in § 6, 10, 11, 12 im III. H.=Ab. abgeleitet sind und — dann ist es ziemlich fertiger Leser. Ganz anders ist es nach der Beschaffenheit der bisherigen Fibeln. Einzelne thun durch das Vorführen der Dehnungs= und Schärfungszeichen auf einer Stelle Etwas für das Bekanntwerden der Vocale in [gedehnter und geschärfter Aussprache und außerdem hier und da einzelnes Andere; sie leiten aber nicht so zum Erfassen der Hauptlesegesetze an, durch Vorauffchicken des Regelrechten und durch **vollständige** Sammlungen des Abnormen. — Und dann wird es doch auch noch wahr bleiben müssen, daß zwischen Tappen und **Wissen** ein Unterschied ist, Letzteres aber wird durch meine Eintheilung in 3 H.=Ab. und ihre Gliederung dem Kinde verschafft. Und endlich wird man wohl auch zugeben müssen, daß die durchaus zu memorirenden Wörter sich besser merken, wenn die gleichartigen bei einander stehen. — Es wird auch einleuchten, warum im III. H.=Ab. die Sammlungen **vollständig sein müssen.**

Der Schüler muß mit Hülfe der Lesegesetze lesen lernen; Niemand liest anders. Diese Lesegesetze ihm möglichst schnell, weil unbeirrt durch die **Ausnahmen**, einzuprägen, das ist der Zweck meiner Fibel. Der I. und II. H.=Ab. prägt die Gesetze ein und der III. bringt die Ausnahmen.

IV. Abschnitt.
Einiges über die Lesemethoden.

§ 1. Buchstabiren und Lautiren.

Wollte Jemand nach meiner Fibel nur das mechanische Lesen lehren, so brauchte er bloß verstehen, Lesekraft zu erwecken und darnach meine Fibel durchlesen lassen, aber so, daß er dabei die **Lesekraft wach zu halten nicht vergißt.** Die Fibel ist meine Methode. Bei der Unzulänglichkeit dieser Antwort auf die Frage nach des Verfassers Lehrverfahren muß auf den Schluß der nächsten Abtheilung dieser Schrift hingewiesen werden. Hier aber dürfte ein Wörtlein über Methoden des besprochenen Objectes überhaupt nicht an unrechter Stelle sein.

Sieht man rein auf den **Lesezweck,** so kann man nur von zwei Hauptmethoden reden, der **Buchstabir=** und der **Lautmethode.** In ersterer bilden die Buchstabennamen den einfachsten Lesestoff, die Bausteine, in letzterer die Laute. Es ist in unsern Tagen längst keine

Frage mehr, welcher von beiden der Vorzug gebührt; sobald man rein auf den Lesezweck sieht. Findet hier und da das Buchstabiren trotzdem seine Freunde, so sind die Gründe wo anders her und nach meiner Ansicht nicht ungerechtfertigt. Mögen die Anfänger der Buchstabirmethode prüfen, wie sie meiner Methode gegenüber zu stehen kommen!

§ 2. Analytisch und synthetisch.

In jeder dieser beiden nach ihrem einfachsten Lesestoffe benannten Methoden kann man analytisch und synthetisch verfahren. Das Lehrgeschäft selbst ist Aufbauen des Wortes aus den Silben, der Silben aus den Lauten. Rein analytisch zu verfahren, hat also nur Sinn, wenn man vom Anfange des gesammten mechanischen Leseunterrichtes redet. Es soll verständiger sein, dabei vom Worte auszugehen und zu seinen Elementen hinab zu steigen. Der kleine Anfänger soll sofort wissen, daß er die Buchstaben um der Wörter willen lerne. Kommt dies beim synthetischen Verfahren nicht auch, wenn auch nicht in der ersten Stunde, und was ist damit gewonnen? Ein Kind ist kein Mann! Die Gründe für und wider beide Arten des Anfangens abzuwägen, unterlasse ich, indem ich bemerke, daß ich diesen Unterschied auf allererster Stufe nicht für wichtig halte. Das Zerlegen hat anfangs seine sehr großen Schwierigkeiten, wie der praktische Lehrer nicht leugnen kann, und es geht darauf kein Kind ein in den ersten Stunden, welche nach seinem Eintritt in die Schule dem Leseunterrichte gewidmet sind, — das Zerlegen so ohne Weiteres hingestellt. Verlangt man ja doch eigentlich dabei vom Kinde dasselbe, was den Erfinder der Schriftsprache zu seiner Erfindung führte, nämlich herauszufühlen, daß die Wörter aus noch einfacheren Theilen, aus Silben bestehen, und aus welchen; verlangt man ja doch damit nicht weniger vom Kinde, als das, was seit Laut Jahrhunderte hindurch von Männern nicht klar gedacht wurde bis zur Erfindung der Laut= nach der Buchstabirmethode. Oder irre ich mich? Hat man bis zu genannter Zeit hin die Consonanten aus den Wörtern heraus gehört? Mußte volle Klarheit hierüber in einem einzigen Kopfe nicht unbedingt zur Lautmethode führen?

Vielfach, ja vielleicht in den meisten Schulen noch, geschieht das Zergliedern der Wörter so, daß entweder die ältern Schüler es den jüngern vormachen, oder auch der Lehrer, oder Letzterer spricht ein ganz einfaches Wort in der Weise, daß es einem einzelnen geweckten Schüler wohl gelingt, schon in der ersten Stunde mit dem Zerlegen zu Stande zu kommen, aber nicht der ganzen Klasse, auch nicht einmal vielen Kindern darin. Wenn in dieser dreifachen Hülfe, dem Vormachen durch Mitschüler, oder des Lehrers, oder der geschickten Art des Letztern, das Wort vorzusprechen und in der Wahl eines sehr leichten Wortes ein himmelweiter Unterschied zwischen dem Herausfinden der Laute im Allgemeinen liegt, wie es bei Taut geschah und darnach vergessen wurde, so ist das für geweckte Kinder wohl eine passende Arbeit schon von den ersten Lesestunden ab, und ich wollte um des Vormachens und des Kunstgriffes willen dem Ganzen seinen Werth nicht schmälern, sondern nur zeigen, daß man a. nicht ohne Weiteres vom kleinen Kinde das Zergliedern fordern und erwarten darf, und b. sich doch ja lange Zeit vom Anfange ab die vor= zulegenden Wörter sehr sorgfältig auswählen muß. Die Fibeln nun verleiten vielfach zu unrichtiger Auswahl, ja bei der bisherigen Weise, die Buchstaben zu lehren alle, natürlich die eine mehr, die andre weniger. Es dürfen als erste Wörter lange Zeit hindurch nur solche ge= nommen werden, in welchen Buchstabe und Laut sich genau decken, und darunter selbstverständlich wieder nur solche mit leichtestem Bau nach Zahl und Art der Laute. Letzterer Forderung ist bisher genügt, insofern die Fibeln nach Buchstabenhäufungsschwierigkeiten gebaut waren und sind; ersterer nicht, insofern sie daneben nicht nach orthographischen Rücksichten consequent durch abgestuft sind. Dies Letztere trifft auch bei den soge= nannten Schreiblesefibeln nicht zu, wie der Weitersehende bereits weiß, und wie ich es später noch zu zeigen habe. Man darf, um Beispiele zu nennen, niemals zu Anfange Wörter mit geschärftem Vocale zerlegen lassen, noch viel weniger damit beginnen, wie es auch Fibeln thun, man darf nicht Silben mit gedehnten neben solchen mit geschärften Vocalen dazu nehmen; man darf niemals Wörter mit ie, ah, eh u. s. w. dazu wählen, so lange man diese Zeichen nicht als Einheiten auffassen läßt. Kurz, — es dürfen nur Wörter genommen werden, wie sie mein I H.= Ab. in den ersten §§ enthält. — Geschieht dies, dann gelingt es! Die Gründe für solche Wahl und Sichtung sind weitläufig erörtert.

§ 3. Schreiblesen.

Wenn ich das Zerlegen der Wörter verbunden mit Aufschreiben der= selben als Anfang des ganzen Leseunterrichtes für nichts Nothwendiges erkennen kann, ohne das es kein Heil gebe, und unbedingt im Allgemei= nen den Landschulen und ähnlichen nicht als einzige Behandlungsart anpreisen mag, — so ist es etwas ganz Andres mit dem Zergliedern über= haupt. Abgesehen von den ersten beiden Wochen vom ersten Schultage ab, ist es eine Nothwendigkeit. Es ist das einzige Mittel, die Lese= kraft im Schüler wach zu erhalten. In der Buchstabirmethode wird durch den ganzen Lesecursus hindurch jede einzelne Silbe aus den einzelnen Lauten unter Nennung der Buchstabennamen aufgebaut, im spätern orthographischen Unterrichte jedes Wort in Silben und Buchsta= ben zerlegt. Anders wurde es seiner Zeit bei Einführung der Laut= methode. Man gab nicht die einzelnen Laute der Silben an. Wie der völlig fertige Leser nicht mehr an die einfachsten Elemente der Wörter denkt, so macht dies auch ein so unterrichteter Schüler, noch ehe er ein ganz fertiger Leser ist, und begiebt sich auf den Rathweg, anstatt beim Anblick der Buchstaben bewußt das Aneinanderschieben der Laute auszuführen. Die Gefahr, daß die Lesekraft erlösche, wächst mit der Zunahme der Lesefertigkeit. Weil das Schreiben jedes Wortes eben so gut in der Lesekraft, im Bewußtsein aller einzelnen Laute des Wortes wurzelt; darum hatten jene Stimmen Recht, welche behaupteten, die Lautmethode führe schlechter zur Orthographie als die Buchstabirmethode. — Jetzt, im Schreiblesen, läuft neben dem Lesen das Zergliedern einher, und der Vorwurf ist nicht mehr wahr, wenn dies durch den ganzen Lesecursus geschieht; ja wir sind bedeutend im Vortheile, sobald stets geschrieben wird, was bei der Buchstabirmethode nicht geschah. *) Unterläßt man aber das Zerlegen in der Lesezeit, so hat man nach absolvirtem Cursus a. Leser, die bei jedem noch nie vorgekommenen Worte festsitzen, b. Kinder, welche kaum im Stande sind, das allereinfachste Wort nach Dictando auch nur lautgetreu, viel weniger nach herrschendem Schreibgebrauch niederzuschreiben. Indem man dabei an das Abweichen des Letztern vom lautgetreuen Schreiben zu denken hat, ist es wahr, wenn es in der Legographologie v. Schulze Seite 42 heißt, die beiden zum Lesen und Rechtschreiben führenden Wege trennten sich allmählig in entgegengesetzter Richtung von einander, so daß der Schüler mit jedem Fortschritte im Lesen sich um ebensoviel von dem Ziele der Rechtschreibung entferne. — Erhält man das Bewußtsein wach, daß die Silben aus Lauten bestehen, dann erfordert das sofortige Schreiben des gelesenen Wortes nur noch die Kenntniß der Schreibbuchstaben und die Befähigung, sie schreiben zu können. Nach den bisherigen Fibeln ist damit das richtige Schreiben derjenigen Wörter auf jeder einzelnen Lesestufe und in jedem einzelnen Lesestücke möglich, worin a. Laut und Buchstabe sich decken und b. daneben kein Laut auftritt, für welchen es mehr als ein Zeichen giebt. Wer meine Behauptung genau prüft, der wird finden, daß die Schreiblesemethode keine Combination des Schreibens mit dem Lesen lückenlos durch den ganzen Lesecursus ist und sein kann — nach Beschaffenheit der zu Grunde liegenden Fibeln, sondern daß das Schreiben nur im Anfange mitauftreten kann. Es wird sich aber auch zeigen, wie bei Anwendung meiner Fibel im Gegentheile auf jeder Stufe der Schüler im Stande ist, jedes Wort richtig zu schreiben. Später mehr davon!

Die Lautmethode muß schreiblesend verfahren, es ist eiserne Nothwendigkeit, sonst erlischt die Lesekraft, weil bei ihr das Zusammenziehen der Laute immer sofort geschieht und man bei zunehmender Lese-

---

*) Im Buchstabiren lag das Vermögen, schreiben zu können, Jahrelang müßig. Der Schüler fand keine Nöthigung, sich das Wortbild einzuprägen und hatte nicht die anregende Freude des Schaffens! Lesen ohne nebenlaufendes Schreiben ist eine Einseitigkeit!

fertigkeit auch dies nicht mehr bewußt thut, sondern die Bilder der Silben hat, während die **Buchstabirmethode** das Lautbewußtsein fort und fort durch das Nennen der einzelnen Buchstaben im ganzen mechanischen Lesecursus wach erhielt.

Ich verfahre also schreiblesend. In wie weit meine Methode abweicht von dem bisherigen Schreiblesen, das ist in der Anordnung meiner Fibel im Unterschiede zu allen andern begründet, und wurzelt in der Beschaffenheit unsrer Orthographie.

Zweite Abtheilung.

Der gesammte orthographische Unterricht.

I. Abschnitt.

Beschaffenheit der deutschen Orthographie besonders im Blick auf die Wortbilder außer dem Zusammenhange und mit Ignoriren der Großbuchstaben.

§ 1. Einleitung.

Wäre mir bloß darum zu thun, zu beweisen, das richtige Schreiben des Deutschen sei schwer, so dürfte ich mich nur auf die Stärke der vielen orthographischen Lehrbücher, auf die vorauszusetzende Bekanntschaft meiner geehrten Leser mit den hunderten von Regeln darin, auf die bekannte Thatsache, wie wenige Schüler am Schlusse der Schulzeit aus unsern Schulen trotz des sauren Schweißes der Lehrer, und selbst tüchtiger, im sichern Besitze der Orthographie sind, oder auch auf die Aussprüche von Autoritäten mich beziehen, oder an die Erfahrungen der Leser appelliren, soweit sie praktische Lehrer sind oder es jemals waren. — Es handelt sich aber darum, zur Prüfung der Unzahl orthographischer Regeln in genannten Büchern aufzumuntern, erwägen zu lassen, ob nicht in ihrer Beschaffenheit als Ganzes neue, gar nicht im Wesen der Sprache liegende Schwierigkeiten geschaffen sind, welchen Halt ein Schüler an der Zahl Regeln, Ausnahmen und Ausnahmen von den Ausnahmen haben könne, ob sie den ganzen deutschen Sprachschatz wirklich und faßbar umspannen und regeln. Es handelt sich um Vorstehendes im fortwährenden Vergleich mit etwas Neuem. Da muß der Verfasser auf das klare Erkennen der Beschaffenheit unsrer Orthographie hinarbeiten. Ist deutsche Rechtschreibung wirklich ein Schulmeisterkreuz, so sehr, daß die „Meister" sich dabei als „Lehrburschen" oder „Gesellen", wie aller Wege in ihrem Amte vorkommen, dann wird man mir freudig, freundlich und aufmerksam auf meinem Wege folgen und die eingehendste, ernsteste Prüfung dessen, was ich vorzubringen vermag, wie meines orthographischen Lehrbuches vornehmen. — Ich verspreche, mich so kurz, wie irgend möglich zu fassen.

In der ersten Abth. d. Buches (Seite 6) wurde der Stoff des orthographischen Unterrichtes in drei Abtheilungen gebracht, ohne daß damit etwa entschieden sein sollte, sie müßten so nacheinander oder überhaupt nach einander behandelt werden. Die erste Abtheilung erstreckte sich auf die Bilder der Wörter im Allgemeinen, die zweite auf sie im

Zusammenhange mit andern und die Substantiven, und die dritte auf die gleichklingenden Wörter. Indem wir die Schwierigkeiten unsrer Schreibung in dieser Reihenfolge zu erwägen uns anschicken, mögen sie zunächst an dem Nebeneinanderstellen der Laute und Buchstaben ermessen werden.

§ 2. Laute und Buchstaben.

Wir haben im Deutschen mehr Zeichen in der Schriftsprache (Buchstaben), als Laute in der hörbaren. Hier ist die Uebersicht:

1. Vocale.

				Nach u. Vorsilben.		
Laute: geb. a	gesch. a	e	gesch. e	e	i	gesch. i
Buchstaben: ah Ah	a A	eh Eh	e E	e	ie I	i I
a A		e E			i	
aa Aa		ee			ih Ih (ieh)	
					y Y	

Laute:	o	gesch. oa	u	gesch. u	ä	gesch. ä	ö
Buchstaben:	oh Oh	o O	uh Uh	u U	äh Ah	ä A	öh Öh
	o O		u U		ä A		ö Ö
	oo				(e)		

Laute:	gesch. oa	ü	gesch. ü
Buchstaben:	ō O	üh Üh	ü
		ü U	ü

2. Diphthongen.

Laute:	au	eu	ei
Buchstaben:	au Au	eu Eu	ei Ei
		äu Äu	ai Ai
			(ey)
			(ay)

3. Consonanten.

Laute:	b	p	w	f	m	g	g͞+	g͞++	g (in ng)
Buchst.:	b B	p P	w W	f F	m M	g G	g	g	g
	bb	pp	u (nach q)	v V	mm	gg			
				ph Ph					

Laute:	k	ch*	ch**	j	d	t	s	sch
Buchst.:	k K	ch (Ch)	ch	j J	d D	t T	s S	sch Sch
	c C Ch			(g G)	(dt)	th Th	ss, ß	
	q Q					tt		
	ck							

Laute:	h	n	n (in ng)	r	l
Buchst.:	h H	n N	n	r R	l L
				rr	

4. Consonantverbindungen.

Laute:	ts	tts	ks	kw
Buchst.:	z Z	tz	chf chs	qu Qu
	c C		r X	
	ts		ds	

Aus vorstehender Tabelle sehen wir, welche Schwierigkeiten die deutsche Orthographie bietet, indem sie für je einen Laut nicht bloß einen, auch nicht bloß je einen Groß= und Kleinbuchstaben, sondern gar oft mehrere Paare hat, daß sie andrerseits mit ebendemselben Buchstaben verschiedene Laute bezeichnet, z. B. die gedehnten und geschärften Vocale paarweise angesehen, ferner dieselben Consonanthäufungen mit verschiede= nen Buchstaben und endlich Consonanthäufungen abweichend von der sonstigen Bezeichnung der einzelnen Laute in ihr. Es ergiebt sich fer= ner, daß die verschiedenen Bezeichnungen der einzelnen Laute im großen, wie kleinen Alphabete fast durchweg nicht ebenso viele selbstständige Buchstaben sind, sondern aus vorhandenen zusammengesetzte (z. B. die Zeichen der Diphthongen, — i, ie, ieh, aa, th, — chf, chs, — bb, ff u. s. w.).

Unsre Sprache hat 15 einfache vocalische Klänge. (Das e in offenen Nachsilben nicht als besondern gerechnet. — Geschärftes e und ä klingen gleich. — Die mittelzeitigen rechne ich bei den geschärften mit ein, indem ich sie als bloße Schattirungen derselben, wenngleich fälschlich, an= sehen lasse.) Wir besitzen ferner 3 Doppelvocale und endlich 23 (18) Con= sonanten. Hätten wir 41 (36) Buchstaben, so besäßen wir für je einen Laut je einen Buchstaben, die Laute und Buchstaben deckten sich, wir hät= ten eine lautgetreue Schriftsprache, man könnte schreiben, wie man spricht. Es sind circa anderthalb hundert Zeichen, wobei die Wie= derkehr der einzelnen als Bezeichnung verschiedener Laute u. s. w. nichts erleichtert, im Gegentheil Schwierigkeiten bereitet.

Wäre das Erlernen der Orthographie bei 18 Vocal= und 18 (23) Consonantzeichen ohne Schwierigkeit? Nein, denn man müßte immer noch ein so feines Ohr haben, um die weichen Verschlüsse und Dauer= laute von den parallelen harten unterscheiden zu können, und ein so fei= nes, dies auch am Ende der Wörter zu thun, hat Niemand, oder statt dessen eine so genaue Bekanntschaft mit der hörbaren Sprache, daß man jedes Wort richtig zu verlängern verstände. Das ist im Kinde eine nicht zutreffende Voraussetzung, wenn die Lust zur Prüfung immerhin als eine solche gelten sollte.

Diese eine Schwierigkeit würde aber zu überwinden sein; ja selbst die, wenn wir die doppelte Anzahl Zeichen, je einen Groß= und Klein= buchstaben hätten; obgleich dies nicht so sehr leicht zu veranschlagen ist. So aber besitzen wir für 41 Laute 150 Buchstaben, d. h. durchschnittlich stehen beim Schreiben für jeden Sprachklang beinahe 4 Zeichen zur Wahl. Rechnet man die eingebürgerten Fremdwörter mit, so hat man bei i un=

ter ß, bei k ebenso unter 8, bei f und a unter je 6, bei e, o, t, s, ts und tz unter je 5 Zeichen zu wählen. — Es erhellt, daß unsre Orthographie sowohl nach Zahl, als Wahl und Beschaffenheit unsrer Buchstaben sehr große Schwierigkeiten bietet.

Wie ist da zu helfen? Die Zahl der Buchstaben zu verringern oder für vorhandene andre zu wählen, das ist eine Unmöglichkeit in unsrer Zeit, über die man sich jedes Wortes enthalten kann. Hier ist keine Hülfe!

§ 3. Fortsetzung.

Wie ist unsre Schriftsprache so geworden, wie sie ist in Bezug auf so große Zahl und Art der Lautzeichen?

a. Nachdem auf Grund eines fremden Alphabetes das unsre gemacht wurde, wählte man wohl, dadurch verleitet und bei ungenauer Lautkenntniß, einmal zu wenig Buchstaben, andrerseits zu viel. Es fehlen uns sieben besondre Buchstaben für die 7 geschärften Vocale. Diesem Mangel sollte später durch Anhängung eines sogenannten Dehnungszeichens abgeholfen werden. Das wäre eine immerhin gute Abhülfe gewesen, wenn man ein einziges nahm und zwar nicht einen der vorhandenen Buchstaben, sondern ein neues Zeichen nach Art der Accente anderwärts, wenn man consequent durch alle Silben aller Wörter das Dehnungszeichen setzte *). Statt dessen finden wir mehr als eins, und zwar Lautrepräsentanten, und der gedehnte Vocal wird nur theilweise zur Unterscheidung vom geschärften gekennzeichnet, nämlich nur in den Hauptsilben, da wieder nur mittels e nach i allgemein (mit geringen Ausnahmen), durch h nur, sobald r, l, m, n folgt und da wieder nur, sobald der Anlaut einfach ist, und auch da wieder nur mit sehr viel Ausnahmen **). Obenein bezeichnete man gegentheilig die geschärften durch das Doppelzeichen des folgenden Consonanten — aber nur in der Hauptsilbe und da wieder bloß, wenn in ihr ohne Mitrechnung der durch Beugung antretenden nicht mehr als ein Consonant steht.

Ohne die heute gebräuchlichen Wortbilder zu verändern, was im großen Ganzen weder thunlich noch möglich ist, giebt es hier keine andre Aushülfe, als entweder die Kennzeichnung der geschärften oder die damit unverträgliche entgegengesetzte des gedehnten Vocales als solche nicht mehr vom Schüler ansehen zu lassen. Da die zweifache Schärfungsbezeichnung (Consonantdoppelzeichen und Position) durch alle Hauptsilben aller deutschen Wörter consequent durchgeht mit geringen Ausnahmen ***), die Dehnungsbezeichnung mit h aber nur etwa in so vielen Wörtern auftritt, als bei der Schärfungsbezeichnung sich Ausnahmen

---

*) Es ist mir nicht unbekannt, daß die Wahl des h, e, aa, ee, oo keine willkürliche unter den Buchstaben ist.
**) Siehe meine Fibel III H.=Ab. § 13 und 7.
***) Man findet sie in meiner Fibel III. H.=Ab. § 10, 11; II. H.=Ab. § 1 bis „brob".

finden, die Dehnungsbezeichnung mit aa, ee, oo in Summa nur in 50 Wörtern und endlich e nur nach einem einzigen Vocale (i), so wird die Wahl nicht schwer. Man hat nämlich nur von Schärfungszeichen zu reden und ah, eh, oh, uh, öh, üh, ih und ieh, aa, ee, oo als Einheit fassen zu lassen; als eine zufällige andre Bezeichnung derselben gedehnten Laute, für welche a, e, o, u, ä, ö, ü und ie die gewöhnlichen in der Hauptsilbe sind. Für die Nebensilben gilt dann die durchgreifende Regel, in ihnen werde der geschärfte Vocal nicht gekennzeichnet (außer in miß und niß).

Lehrt man den Schüler so die Sache ansehen, dann hat man die mehrfachen Fehler, die in dem Mangel besondrer Buchstaben für die geschärften Vocale wurzeln und wie sie in jeder Silbe aller deutschen Wörter dem Schreibenden nahe treten, im großen Ganzen unmöglich gemacht. Es ist nöthig, noch der Bezeichnungen für das gedehnte und das geschärfte i besonders zu gedenken. Während man beim Hören eines geschärften Vocales nach seinem einfachen Buchstaben (a, e, o, u, ä, ö, ü) das Consonantdoppelzeichen zu setzen hat (wenn nicht schon durch Position der geschärfte Vocal gekennzeichnet ist), geschieht dies nicht beim Laute i. In der Hauptsilbe muß man das gedehnte i durchweg ie*), nicht i schreiben. Die Orthographie läßt sich hierbei also nicht durch Streichung der ersten von dem Widerspruche befreien, der in dem Lehren von Dehnungsneben Schärfungszeichen liegt. Praktisch hat das jedoch keinen Nachtheil, wie ich aus langer Erfahrung weiß, sobald man ie als Einheit lehrt. Es wird ie als Bezeichnung des gedehnten i in der Hauptsilbe, ferner i als Repräsentant des geschärften i, und auch als Zeichen für das gedehnte Nebensilben=i im Lesen vorgeführt. So stellt sich im Geiste des Kindes ie neben ah, eh u. s. w. als Bezeichnung eines gedehnten Vocales in der Hauptsilbe, nur daß ie dort durchweg, ah, eh u. s. w. nur vor l, m, n auftritt. Um Consequenz zu haben, müßten die Wörter mit ie als Ausnahmen und die mit i in der Hauptsilbe als Regel genommen werden; die Regel würde dann aber nur ein halbes Dutzend, die Ausnahme dagegen Hunderte von Wörtern umspannen. — Nebenbei sei gesagt, daß hierin jedenfalls ein verstärkter Zwang vorliegt, ie als Einheit zu lehren. — — Statt der Abhülfe durch Dehnungs= konnte auch durch Schärfungszeichen geholfen werden in gleicher Weise wie vorher. Es ist nicht geschehen und jetzt unmöglich. So haben wir denn so vielfache und sich kreuzende Bezeichnungen für die gedehnten neben den geschärften Selbstlauten. Ich fasse, wenn ich von so vielen Buchstaben rede, hier in der zur Betrachtung aufgestellten Tabelle die Buchstaben mit angehängtem sogenanntem Dehnungszeichen als Einheiten. Wie einerseits die Nothwendigkeit dazu im Leseunterrichte bereits erörtert wurde und ebenso in der Orthographie noch besprochen werden wird, so macht

---

*) Adelung giebt den Grund dazu an: III. Abschn. Cap. 2. § 4.

das doch das Richtigschreibenlernen nicht leichter, sobald ich nach der alten Weise von den 3 Dehnungszeichen rede, wenn es auch scheinbar die Buchstabenzahl herabsetzt. Bei Lichte betrachtet muß der mit Bewußtsein Schreibende bennoch ebenso denken, wie ichs fordre, oder es wird doch die Entscheidung, ob ein Dehnungszeichen und welches zu setzen sei, ihm natürlich grade ebenso oft eine Schwierigkeit bereiten, als wenn ich von so vielen Buchstaben rede. Es ist hierbei nur eine andre Ausdrucksweise. Wie schon gesagt, werde ich später zeigen, daß grade bei Auffassung nach meiner Art unberechenbare Erleichterung für das Erlernen der Orthographie eintritt.

b. Wenn ich nun von den mangelnden 7 Selbstlautzeichen und dem daraus kommenden Nachtheile absehe, so ist ferner zu erwähnen: Wir haben eu neben äu. Während äu durch seinen Zusammenhang mit au in der Beugung der Wörter gerechtfertigt ist, läßt sich fragen, ob daneben noch eu nöthig war.

c. Wozu ck anstatt kk? Anders ist's mit tz, denn zz wäre = ts ts und nicht tts, was es doch sein soll.

d. Zu den Buchstaben ai, ey, ay, y, th, C als Bezeichnung des K und des Z, Ph, V, X verhalfen uns andre Sprachen, als man ihnen Wörter entlehnte. Sollte man die fremden Wörter mit deutschen Buchstaben entstellen? Doch wozu das Uebertragen auf deutsche?

e. Daß wir chs und cks als Bezeichnung der Consonanthäufung ks haben, hat in der Abstammung seinen Grund, wie so Vieles in unsrer Orthographie. Wahl und Zahl sind gerechtfertigt neben dem fremden r.

f. Jetzt erscheint qu als Zeichen für die Lauthäufung kw als Ueberfluß, wie Manches jetzt so erscheint.

g. Heute fragt man sich: Warum nicht einfache, besondre Zeichen für au, eu, ch, sch?

h. Warum für J und I (Conf.) nicht besondre Zeichen?

i. Wozu s neben f, ß neben ss?

NB. Daß wir als Doppelschluß = s dasselbe Zeichen haben, als für den Laut ß, hat wohl nur in der Abstammung seinen Grund. Z. B. ich fräße von fressen.

k. Das Vorhandensein der Groß- neben den Kleinbuchstaben, also beinahe die Verdoppelung der Buchstabenanzahl hat seinen Nutzen, nämlich den des besseren Verständnisses der Schriftsprache. Ob Zweck und Mittel in richtigem Verhältnisse stehen, mag dahingestellt bleiben.

l. Aa, ee, oo neben ah, eh, oh haben ihren Grund in der Unterscheidung gleichklingender Wörter, sollen das Satzverständniß erleichtern.

Ich breche ab, da es für meine Zwecke unfruchtbar wäre, näher darauf einzugehen, wie wir zu so vielen Zeichen und grade zu den üblichen kamen. — Es sollte nur angedeutet werden, daß erstlich wohl Mängel da sind, und daß zweitens Rücksichten neben dem Klange des Wortes gewaltet haben, um unsre Orthographie so schwer zu machen, vorzugsweise die, die Abstammung kenntlich zu machen und das Verständniß zu erleichtern. Anknüpfen möchte ich nur noch, wie man sich doch ja hüten möge, Alles in unsrer Orthographie für sinnlos, und sie im Ganzen nicht für ein Spiel des Zufalls und der Laune, ein Ding ohne Gesetz und Regel zu halten. Verleitet dazu durch irgend ein mißverstandenes Wort einer geschätzten Persönlichkeit, das nur die großen Schwierigkeiten ausdrücken will, kommt man um so mehr davon ab, je gründlicher man sich darin vertieft. Es genügt zu einem Aburtheilen im Ganzen, wie über einzelne Vorkommnisse und eine Reform in ihr nicht, ein gebildeter Mann zu sein, auch nicht, daß man Lehrer oder auch Schriftsteller sei und die Regeln kenne. Endlich sei bemerkt, daß jedenfalls der **Lehrer sich jeglicher Aufdrängung von Neuerungen in der Classe durchaus zu enthalten habe.**

§ 4. Einzelne Schwierigkeiten in den einzelnen Wortbildern.

Hätten wir für jeden Laut immer ein Zeichen, so könnte der Schüler, welcher angeleitet wäre, das Wort in seine Laute zu zerlegen, sofort auch richtig schreiben, nachdem er die Buchstaben schreiben lernte und höchstens bei der Unterscheidung der Verschlüsse und anderer ähnlich klingenden Laute irren, — wenn nicht die deutsche Orthographie **neben dem Klange** auch die Abstammung stark berücksichtigte und andre Einflüsse sich geltend gemacht hätten. Das Princip der Abstammung hat in inconsequenter Durchführung darin sein Wesen getrieben in verschiedener Vertiefung bei verschiedenen Wörterfamilien. Das Bestreben, das Verständniß gleichklingender Wörter sofort durch verschiedene Wortbilder nahe zu legen, hat im Laufe der Zeiten ebenfalls Vieles geändert. Die hörbare Sprache hat sich nach und nach durch veränderte Aussprache, das Verlorengehen von Wurzeln, durch Umgestaltung von Vor- und Nachsilben theilweise verändert. Es haben sich die Großbuchstaben angefunden, deren Gebrauch sich von Zeit zu Zeit erweiterte. Am ärgsten hat der Mangel an eignen Buchstaben für die 7 geschärften Vocale geschadet, indem man beim Versuch der Abhülfe das Ausgehen von zwei entgegengesetzten Enden herbeiführte und grenzenlose Verwirrung anrichtete. Bei solcher Sachlage ist man beinahe zu der Behauptung berechtigt, es könne bei uns fast nicht die Rede sein von einer Buchstabenschreibung, sondern von einer Wortschreibung. Jedes Wort hat, meine ich, sein eigenthümliches Wortbild, das sich zwar überall an die Lautbezeichnung anlehnt, aber nur noch in verhältnißmäßig wenigen Wörtern die Laute rein wiedergiebt. — Es ist auch gesagt worden, unsre vielen orthographischen Regeln regelten im Grunde nichts, und alle in Summa lehrten eigentlich, wie man nicht schreiben solle. Dennoch ist ein Schreiben der einzelnen Wortbilder nach Regeln möglich, dennoch bieten die Hauptgesetze in der Rechtschreibung einen mächtigen Halt, sobald nur ein andrer, als der bisherige Weg eingeschlagen wird, sobald vor Allem das sich Widersprechende aus unserm Regelwerk entfernt ist, sobald letzteres nur vereinfacht ist und die vielen Ausnahmen und Unterausnahmen beseitigt sind, sobald der Schüler statt der abstracten Regeln den Umfang ihrer Herrschaft in vollen Wörtersammlungen klar vor Augen hat, sobald man nicht mehr Voraussetzungen macht, die bei Kindern nicht zutreffen, besonders darunter die, die Abstammung der Wörter kennen zu sollen. — Sehen wir uns jetzt kurz die einzelnen Schwierigkeiten an; doch vor der Hand immer nur die der Wörter außer Zusammenhang, nicht in Sätzen.

1. Unser Ohr kann am Ende des Wortes nicht unterscheiden w und f, b und p, d und t, ferner g in provinziell üblicher harter Aussprache und k, in ebensolcher, anderwärts das weiche g und ch, das j und g, ls und lz, ns und nz. — Abhülfe: Der Schüler verläßt sich in Summa auf das im Lesen eingeprägte Wortbild und stellt es sich vor, wenn er schreiben soll. Später giebt man ihm den Rath, in zweifelhaften Fällen das Wort zu verlängern. Er lernt im Lesen, und man kann es ihm auch sagen, daß p, j und w niemals am Ende deutscher Wörter vorkommen. Ist der elementare Lesestoff der Fibel an den betreffenden Stellen nach An= und Auslauten geordnet, so geschieht dies leicht mit p, j und w, wie mit allen Paaren; sind die einzelnen Sammlungen vollständig den Sprachschatz erschöpfend, wie in meiner Fibel, so muß sich der Schüler die einzelnen Wortbilder leichter und schneller einprägen, 'als wenn er sie im Laufe der Jahre einzeln zerstreut hier und da sieht, und man kann durch Lesen= und Abschreibenlassen jederzeit das Mangelnde repetiren. (Siehe m. Fibel I. H.=Ab. § 8, 10 und § 15, ferner II. H.=Ab. § 3, 5 und III. H.=Ab. § 18 neben II. H.=Ab. § 9. Siehe auch ig, lich, icht im II. H.=Ab. § 12.)

Wollte man eher dictiren, als das Kind sich die ganzen Wortbilder einzuprägen befähigt ist, etwa von der ersten Lesestunde ab, so müßte der Lehrer das Verlängern selbst dabei vollziehen.

2. Man kann auch die Laute s und ß am Ende nicht unterscheiden. Abhülfe: Einprägung durchs Auge im Lesen und Schreiben. Wollte man vorher dictiren, so müßte der Lehrer das Verlängern selbst vornehmen. Noch beßre Hülfe für diesen Fall ist, alle Wörter mit ß aus dem Dictiren ganz zurückzustellen. So thuts meine Fibel! Im ganzen I. H.=Ab. kommt kein Wort mit ß am Ende vor, dagegen sind alle, die es giebt, in § 16 des III. H.=Ab. zu finden.

3. Die Laute j und weich g lassen sich im Anlaute nicht unterscheiden. Abhülfe: Das Kind lernt durch Lesen und Abschreiben, daß (bei richtiger Aussprache) das weiche g nur in der Vor= und Nachsilbe ge vorkommt, daß sonst aber immer j zu schreiben ist. Das Wesen einer Vorsilbe lernt das Kind in meiner Fibel zunächst I. H.=Ab. § 14 und an andern Orten, wie bereits aus dem vorigen Theile des vorliegenden Buches be-

kannt ist. Zurückgestellt sind „je" neben „geh", jeder u. s. w. Diese und alle, bei denen Gefahr zum Verwechseln ist, finden sich III. H.=Ab. § 20 und 23.

4. Der Laut h ist am Ende der Silbe nicht zu hören. Abhülfe: Imprimiren der betreffenden Wörter. (Siehe sämmtliche im I. H.=Ab. m. Fib. § 17 und 18.) Eine spätere Stütze dabei: Verlängern und Ableiten.

5. Das ungeübte Ohr des Kindes verwechselt auch vorn im Worte und mitten in demselben die ähnlichen Laute s, ß und z — b, p, — d, t, — g, k, — ch, g, — w, f, — i, ü, — e, ö. Abhülfe: Uebung des Ohres. Meine Fibel bringt in jedem einzelnen § in möglichst großer Zahl die Wörter mit ähnlich klingenden Lauten neben einander, z. B. I. H.=Ab. § 5 leide, leite, — reise, reiße, reize, — weise, weiße, — weide, weite, — müde, miede, — sieche, siege, — beiße, beize.

6. Selten wird das pf im Anlaute deutlich gesprochen. Das Kind nimmt die lässige Aussprache mit Fortlassung des p an und schreibt darnach. Abhülfe: a. der Lehrer spreche in diesem Falle, wie überhaupt, stets recht genau und dulde auch keine Lässigkeit. b. Es müssen die Wörter mit pf dem Kinde vorgeführt werden. Dies geschieht so viel als thunlich in meiner Fibel I. H.=Ab. § 15, 16, II. H.=Ab. § 4 u. s. w.

7. In manchen Theilen Deutschlands spricht man st im Anlaute fast wie scht und sp fast wie schp. Der Schüler wird verleitet, der Aussprache gemäß zu schreiben. Abhülfe: Im Leseunterrichte müssen st und sp als Anlaute in der üblichen Aussprache gelehrt werden und das oftmalige Aufmerksammachen darauf im Dictiren muß das Uebrige thun.

8. Es macht dem Kinde der Umtausch des ss mit ß am Ende der Wörter Schwierigkeit. Siehe Uebung 2 und 3 im III. H.=A. m. F.

9. Am Schlusse der Wörter schreiben wir manchmal ts, in der Regel das einfache Zeichen dieser Consonanthäufung, ein z. Abhülfe: Einprägen der betreffenden Wörter durch Lesen und Schreiben, daher in meiner Fibel vollständige Aufführung dieser Wörter in den einzelnen §§, wodurch sich z als normal einprägt. — Spätere Stütze: „Schreibe immer z außer in „bereits" und „stets", den Wörtern mit „wärts" und wo das Fürwort „es" abgekürzt an ein Wort mit t hinten gezogen wurde."

10. Wir gebrauchen zur Bezeichnung der Consonanthäufung ks sowohl chs und chs, als auch x. Abhülfe: Das Kind muß durch Einrichtung der Fibel die beiden ersten als normal kennen gelernt haben, d. i. sie muß jedes Wort mit x zurückstellen. In einem Dictirschreiben vom Beginn des Lesens an ist jedes Wort mit x fern zu halten, und sind dann keine Fehler möglich, da chs und chs sich wie s und z unterscheiden.

11. Man kann äu und eu verwechseln. Ob es mit ersterem oder letzterem mehr Wörter giebt, ist schwer zu entscheiden. Wir setzen äu a. im Plural der Wörter, welche im Singular au haben, b. in Conju=

gationsformen und c. wegen der Abstammung. d. Bei manchen Wörtern kennen wir die Abstammung nicht mehr. Abhülfe: Einprägen aller unter c. und d. fallenden; Aufgaben zum Decliniren und Conjugiren solcher sub a. und b., um dadurch das Aufmerken auf den Zusammenhang des äu mit au im Kinde zu erwecken. Die Einrichtung der Fibel muß durch das Zurückstellen aller Wörter mit äu das eu als normal eingeprägt haben. Bei einem Dictirschreiben vom Beginn des Lesens ab dürfen nur Wörter mit eu vorkommen und sind dann keine Fehler möglich. In meiner Fibel III. H.=Ab. § 4 finden sich alle deutschen Wörter mit äu, und wird durch die Vollständigkeit dieser Sammlung das Recurriren auf Abstammung unnöthig. Daß solches Recurriren dem Kinde unmöglich ist, wenn es auch Lust dazu hätte und daran dächte, ist selbstverständlich, und doch fordern das unsre orthographischen Regeln. Wie in diesem Falle, so wird das Stützen auf die Abstammung, was oft dem gebildeten Erwachsenen, ja dem Sprachforscher unmöglich ist, öfters noch durch vollständige Wörtersammlungen ersetzt. Nie und nirgend im Schreiben darf anderes und weiteres Zurückgehen auf Abstammung verlangt werden als bei den Sproßformen. Nach meiner Methode ist selbst dieser Kreis fast bis zur Unmöglichkeit von Fehlern begrenzt. Siehe III. H.=Ab. § 22, 4, 14, 15 ic.

12. Wir setzen das Zeichen ä für das geschärfte e (ä) und zwar a. in der Declination, b. in der Conjugation, c. in der Comparation, d. nach der Abstammung, e. in Wörtern, in denen sich letztere nicht mehr oder doch schwer nachweisen läßt. Abhülfe: e ist als normal zu lehren im Lesen und Dictirschreiben u. s. w. u. s. w., wie vorstehend sub 10. Siehe alle Wörter mit diesem ä in meiner Fibel III. H.=Ab. § 15.

13. Es giebt circa 50 Wörter mit dem gedehnten ä, in welchen die Abstammung nicht mehr zu erkennen ist. Wie sie lernen? Es hat sie noch Niemand anders richtig schreiben gelernt, als indem er sie sich merkte. Dieses Merken ist hier, wie an allen Orten, an denen ich im vorliegenden Buche bereits davon sprach oder es noch thun werde, nicht ein Hersagenkönnen in bestimmter Reihenfolge, sondern ein Einprägen der Wortbilder, jedes einzeln gedacht. — Ich bringe alle diese Wörter in § 14 des III. H.=Ab. m. Fib. Wegen der Wörter, welche sofort unter No. 14. besprochen werden sollen, dehnte ich diese Sammlung, andern entsprechend, weiter aus.

14. Wir haben circa 160 Wörter, in denen ein gedehntes ä gesprochen und doch e geschrieben wird und zwar manchmal e, manchmal eh, manchmal ee. Mehrere mit dem bloßen Buchstaben e verstoßen obenein gegen die Dehnungsregel über h. Hülfe: Es giebt nirgend eine andre, als die Wörter merken, daher aus oft anderwärts erörtertem Grunde die vollständige Sammlung in m. Fib. III. H.=Ab. § 6. Bei einem Dictirschreiben im elem. Leseunterrichte sind keine Fehler möglich, weil im ganzen 1. und 2. H.=Ab. nie ein solches Wort vorkommt außer „er, wer,

der, wem, dem, wen, den," wegen Bildung von Sätzen als um des Zweckes willen wohl verzeihliche Ausnahmen!

15. Es giebt circa 25 deutsche Wörter, in welchen der Laut f durch v bezeichnet wird. Man findet sie in m. F. III. H.=Ab. § 1 vollständig. Der Lehrer muß nach vollendetem Cursus im mechanischen Lesen Wörter aus dem Lesebuche suchen lassen, welche von diesen herkommen und damit zusammengesetzt sind. Einige bringe ich als Andeutung im citirten § sub 2. Mehr zu sagen über diese Wörter ist unnöthig, da es nur Wiederholung aus vorhergehenden Nummern wäre.

16. Wir haben circa 20 Wörter, in denen der Laut ei durch ai bezeichnet wird. Sie sind sämmtlich im III. H.=Ab. § 3 aufgeführt. Nebenbei sei bemerkt, daß es mehrfach gleichklingende giebt, und daß da um der Unterscheidung willen ai statt ei gesetzt wird.

17. Es giebt 16 Wörter mit aa, 28 mit ee und 7 mit oo. Man findet sie sämmtlich in m. Fib. III. H.=Ab= § 5. Nebenbei sei bemerkt, daß ihnen gleichklingende, öfters sogar mehrere zur Seite stehen.

18. Diejenigen unter vorerwähnten Wörtern mit aa, welche den Umlaut nehmen, bekommen nur ein ä.

19. Wir haben circa 50 Wörter mit th als Bezeichnung des t im Anlaut, Auslaut, in Silben mit gedehntem und auch geschärftem Vocale. In manchen klingt e wie ä. Einige haben auch gleichklingende zur Seite. Die Silbe thum ist darunter noch erwähnenswerth. Sie sind sämmtlich in m. F. III. H.=Ab. § 2 aufgestellt.

20. Einige Wörter haben Rh. Sie stehen § 2 im III. H.=Ab.

21. Es giebt Wörter mit dt, bei denen der Schüler keinen Anhalt hat. Man findet sie im III. H.=Ab. § 17.

22. Um genauer noch die großen Schwierigkeiten unsrer Orthographie zu ermessen, selbst wenn man immer nur, wie bisher von mir geschehen, die einzelnen Wortbilder betrachtet, prüfe man in dem hier stets angezogenen III. H.=Ab. meiner Fib. die Unterabtheilungen der einzelnen §§, und sehe, wie die Wörtergruppen nicht gegen eine, sondern mehrere Regeln verstoßen, wie diese sich kreuzen, und der Ausnahmen und Unterausnahmen kein Ende ist. Man dürfte die Ueberzeugung gewinnen, daß ein Erlernen der Orthographie nach dem bisherigen Regelkram schon um deswillen nicht möglich ist, wenn Jemand sonst auch meinte, man könne sie nach bloßen Regeln erlernen.

§ 5. Fortsetzung. Schwierigkeiten, welche aus dem Mangel an besondern Buchstaben für die geschärften Vocale herstammen.

Der Gebrauch, den geschärften Vocal durch das Doppelzeichen des folgenden Consonanten zu kennzeichnen, erleidet Ausnahmen, und zwar weitgreifende. Hier sind sie:

23. In allen Nebensilben bleibt das Doppelzeichen weg. Ab=

hülfe: Der Schüler muß im Lesen und Schreiben ausdrücklich von den Nebensilben Kenntniß bekommen haben, da die nackte Regel, wie ich sie so eben aussprach, einem Kinde nichts hilft, wie überhaupt keine nackte Regel. Zwischen Lehren und Einüben ist ein Unterschied! Theorie und Praxis! (S. m. Fib. I. H.=Ab. § 20 und II. H.=Ab. § 13, 12.)

24. In miß und niß wird der geschärfte Vocal bezeichnet.

25. Folgen dem geschärften Laute bereits 2 oder mehr Consonanten, nach Sprachsilben gerechnet, so wird das Doppelzeichen nicht gesetzt. — Einüben durch Lesen und Schreiben! — Eine Trübung richten die Wörter III. H.=Ab. § 22 an.

26. Ist jedoch der zweite Consonant durch Beugung (Decl., Comp., Conj.) angetreten, so steht das Doppelzeichen doch, z. B. nimm—st, tritt—st. Die antretenden Consonanten sind n, t, st. Hierbei treten Wörter, in denen einer dieser Mitlaute schon zur Hauptsilbe gehört, für den Anfänger störend auf, z. B. „schalt von schelten." (S. m. Fib. II. H.=Ab. § 8, 10.) Einlesen, Einschreiben der antretenden Consonanten!

27. Da das kleine Kind leicht s und t aufeinanderfolgend als einen Laut ansieht, weil man sie mit einem einfachen Buchstaben schreibt, so ist dem Kinde zu sagen, daß der Buchstabe st zwei Laute bezeichne und daß also derselbe nicht zu verdoppeln sei.

28. Der Consonant vornan in den Ableitungsnachsilben wird nicht mitgezählt. Abhülfe: Der Schüler muß diese Silben kennen lernen, lesend und schreibend einüben. (Siehe m. Fib. II. H.=Ab. § 12. Die Sammlung ist insofern vollständig, als sie die Wörter alle bringt, welche am schwersten als abgeleitete zu erkennen sind, z. B. trocknen, herrschen.)

29. Für das dem geschärften Selbstlaute folgende bloße ch wird niemals das Doppelzeichen gesetzt. — Einlesen, Einschreiben! (Siehe II. H.=Ab. § 1, 2, 4.)

30. Ebenso bei sch! (Siehe m. F. ebenda.)

31. Ausstoßungen des e in Conjugationsformen der Verba auf eln und ern veranlassen leicht zu Fehlern, z. B. wackle, schimmre. Man sehe m. F. II. H.=Ab. § 11. — Ebenso ist es in der Beugung mancher Adjectiven. (Siehe m. Fib. II. H.=A. § 10 am Schlusse.)

32. Es giebt 25 einsilbige Wörter, welche das Doppelzeichen des Consonanten haben müßten, und doch nicht bekommen. Sie treten sehr oft auf. Abhülfe: Das Kind, wie jeder Andre, muß sie merken. Siehe II. H.=Ab. § 1 bis „drob".

33. An sie schließen sich in manchen Gegenden noch andre 40. Siehe III. H.=Ab. § 11.*)

34. Einige Wörter haben im Compositum den geschärften Vocal, während im einfachen Worte das parallele gedehnt steht. (Siehe ebenda.)

---

*) Wer meine Fibel gebraucht, hat in den Büchern der Kinder mit Bleistift diejenigen Wörter zu streichen, welche in seiner Gegend von diesen mit gedehntem Vocale gesprochen werden.

35. Theils nach dem Gesetze der Abstammung, theils in Folge von Wortveränderung verstößt eine Mandel Wörter gegen die Positionsregel. Siehe III. H.=Ab. § 22.

36. Einige Wörter mit geschärftem Vocale bekommen sogar das Zeichen des gedehnten. Siehe III. H.=Ab. § 12.

37. Alle die vielen Wörter mit dem mittelzeitigen (halbkurzen) i verleiten gar leicht, sie mit ie zu schreiben; obwohl alle mittelzeitigen Vocale wie die geschärften zu behandeln sind. Siehe II. H.=Ab. § 15.

38. Der Gebrauch, den gedehnten Vocal mit ah, eh, oh, uh, äh, öh, üh, ie zu schreiben, erleidet sehr bedeutende Einschränkungen, so starke, daß man kaum von einer allgemeinen Regel reden kann; denn: In den Nebensilben steht durchweg das einfache Zeichen der Vocale (I. H.=Ab. § 20.)

39. Hat die Hauptsilbe nicht nach dem gedehnten Vocale ein r, l, m, n, so schreibt man nicht ah u. s. w., sondern den einfachen Buchstaben. Man sehe die „Einprägung durch Lesen und Schreiben" im I. H.=Ab. § 6, 7, 9, 11, 12, 13, 14.

40. Ist der Anlaut nicht einfach, so stehen trotz des r, l, m, n nicht ah, eh c. Siehe I. H.=Ab. § 15, 16, 17, 18.

41. Es treten aber auch diejenigen Wörter als Ausnahmen auf, welche im Auslaute nach r, l, m, n noch einen Mitlaut haben. S. III. H.=Ab. § 106. —

42. Davon sind wieder Fahrt, Fährte, Gefährte, Gefährde, ahnden, fahnden Ausnahmen.

43. Störend sind wieder die mit r, l, m, n im Auslaute bei einfachem Anlaute, welche mit aa, ee, oo geschrieben werden. Siehe III. H.=Ab. § 5.

44. Mit dem einfachen Zeichen sind wieder alle zu schreiben, die sonst wohl ah, eh c. haben müßten, in welchen jedoch sch oder th im Anlaut ist. (III. H.=Ab. § 7.)

45. Alle Wörter, welche Pf und St als Anlaut haben, bekommen wieder ah, eh c. (III. H.=Ab. § 13.)

46. Auch einige andre mit doppeltem Anlaute erhalten ah c. (Siehe ebenda.)

47. Einige Wörter mit i werden mit ih geschrieben anstatt mit ie. (Siehe ebenda.)

48. Wir haben eine Menge Wörter, in deren Hauptsilbe ah, eh c. stehen müßte und sich doch nicht findet. Sie sind sämmtlich III. H.=Ab. § 7 aufgeführt.

49. Hat der Infinitiv eines Verbi ie, so schreibt man in der Conjugationsform nicht oh, z. B. verlor. (S. ebenda.)

50. Hat der Infinitiv den geschärften Vocal, so steht in der Conjugationsform nicht ah, z. B. kam. (Ebenda.)

51. Die zusammengesetzten Wörter mit eingeschobenem r können leicht verleiten, aß ꝛc. zu schreiben. (III. H.=Ab. § 7.)
52. Das gedehnte i der Hauptsilbe ist mit ie zu bezeichnen, doch in einigen steht ih, wie so eben angegeben.
53. In einer Anzahl Wörter findet sich in der Hauptsilbe i. (III. H.=Ab. § 9.)
54. In den Nebensilben steht stets i. (III. H.=Ab. § 8.)
55. Wir haben sogar Wörter mit ieh. Man findet sie sämmtlich III. H.=Ab. § 13.
56. Es giebt sogar Wörter mit gedehntem Vocale, in welchen das Schärfungszeichen steht. Siehe III. H.=Ab. § 10 am Schluß.
57. In manchen Gegenden werden einige Wörter, welche das Zeichen für lang i (ie) haben, geschärft gesprochen. (Siehe III. H.=Ab. § 12.)
58. Ein Kind wird leichtlich verleitet, nach au, eu, äu, ei, ai das Dehnungs= oder Schärfungszeichen anzubringen, wenn es nicht die gedehnten Vocale von den entsprechenden geschärften unterscheiden lernte. Dies zu erzielen, dient die ganze Einrichtung m. Fib. Ich schließe, ohne ganz fertig zu sein. Was ich nicht erwähnte, ist dennoch in meiner Fibel berücksichtigt.

§ 6. Aneignung der Wortbilder.

Wir haben jetzt die Beschaffenheit unsrer Orthographie im Bereiche der einzelnen Wortbilder außer dem Satze und dem Satzganzen beleuchtet. Auf welche Weise kommt man dazu, der Rechtschreibung in dieser ersten Abtheilung, unter den drei von mir aufgestellten, Herr zu werden? Wer sich der Schriftsprache sicher und schnell bedienen kann, dem liegen die Wortbilder fertig im Geiste vorräthig. Die Hand des fertigen Schreibers macht sie sichtbar, reproducirt sie, grade so, wie sie der fertige Leser aufgespeichert liegen hat, durch den Blick in's Buch an das jedes Mal geforderte gemahnt wird und sie mittels der Sprechwerkzeuge producirt. Beweis: Haben wir bei einem Wort vergessen, wie es geschrieben wird, so setzen wir es uns in mehreren möglichen Schreibweisen vor die Augen und wählen dann. Wenn der fertige Leser sich als solcher die Wortbilder einprägte, nun so hat er sie als Schreiber. Sie sind ihm also durchs Lesen zugekommen, und nie anders bei Jemandem, müßte man denn schreiben und nicht lesen können. Dennoch ist nicht jeder fertige Leser ein fertiger Schreiber, wie man das im Leben so unendlich oft und namentlich bei Landleuten sehen kann. Wie geht das zu? Das hat nach meiner Meinung zwei Gründe: Erstlich liegen die Wortbilder in Druckschrift in der Seele und die Uebung des Umsetzens in Schreibbuchstaben fehlte solchen Leuten. Sie ist aber in so hohem Grade nöthig, daß Schreib= und Druckbuchstaben sich identificiren, eins werden. Der Weg dazu ist nicht zu schwer, denn die aus der Schreibschrift entstandene Druckschrift hat sehr große Aehnlichkeit, wie sich des Genaueren nachweisen

ließe, die einzelnen Buchſtabenpaare ſtehen faſt nur zu einander wie der
ſogenannte „fette" Druck zu gewöhnlichem. — Zweitens: Die einzel=
nen Wortbilder ſind nicht klar bis in die einzelnen Beſtandtheile hinein=
gezeichnet, der Seele eingedrückt; der Maler würde ſagen, das Bild ſei
nicht gehörig ausgearbeitet. Das liegt in dem Leſenlernen nach Analo=
gieen, wobei der Schüler mehr oder weniger auf den Rathweg geſtoßen
wird. Wir ſahen ſchon, daß dem Buchſtabirſchüler die Bilder klarer
wurden, weil er ſtets die einzelnen Laute ſagt, während jede Lautmethode
grundſätzlich darauf ausgeht, bald das Bewußtſein der einzelnen Laute
zu verlöſchen, um Leſefertigkeit zu erzielen. Es iſt Wahrheit, daß
deshalb der Buchſtabirſchüler unter ſonſt gleichen Umſtänden ſchneller zum
Richtigſchreiben kommt, als der nach der Lautmethode unterrichtete, ſo=
bald nicht Schreiben dem Leſen ſtets zur Seite geht und
zwar Dictirſchreiben, nicht bloßes Copiren.*) Letzteres iſt das
Mittel, daß in unſrer Seele das Wortbild in Druck= und Schreibſchrift
eins wird; Dictirſchreiben das Mittel, jedes Wortbild klar auszuprä=
gen. Zur Zeit der Buchſtabirmethode wurde der erſte Zweck durch letz=
teres Mittel gleichzeitig erreicht, was möglich war, da Schreiben erſt
nach erlangter Leſefertigkeit begann, wo dann die Bilder in Druckſchrift
bereits in der Seele ruhten. Auch heute hilft nach erlangter Leſefertig=
keit das Dictirſchreiben den erſten Zweck mit erreichen. — Das Dictir=
ſchreiben fordert ein Zerlegen des Wortes entweder leiſe oder laut und
zwar in die Laute, nicht unter Nennung der Buchſtabennamen*),
alſo Zerlegen des hörbaren, nicht des ſichtbaren Wortes. Das Nennen
der Buchſtabennamen ſtört den Einklang, der zwiſchen dem Sprechen
und Schreiben im Geiſte des Schreibers ſein muß. Beides muß dem
Schüler zuſammenfallen. Die Buchſtaben müſſen nur ſichtbar gewordene
Laute ſein (Weſen und Bild — hörbares und ſichtbares Sprechen.) So
wie das Buchſtabiren ſchlechter zum Leſen führt als die
Lautmethode; ſo führt auch das Buchſtabiren ſchlechter
zum Schreiben, als das Kennen der Laute. Es dürfen dem
Schüler, bevor er nicht vollſtändig orthographiſch ſchreibt,
die Buchſtabennamen nicht genannt werden, und er darf ſie nicht gebrau=
chen. Wie man jetzt verfährt, pfropft man auf verſtändigen, naturge=
mäßen Leſeunterricht, in welchem bei den Buchſtaben die Laute ſelber als
Lautnamen genannt werden, alſo Beides ſich deckt, (bis auf Vergeſſe=
nes) den als nicht naturgemäß verworfenen Buchſtabirkram; reißt ſei=
nen eignen Bau ein. — Warum handelt man ſo? Ei man mußte
wohl; denn Laut und Buchſtabe ſtanden bisher nicht durch=
weg im Einklange, deckten ſich nicht in der Anſchauung. Man

---

*) Der Buchſtabirer ſtützt ſich beim Schreiben aufs Ohr und Gedächtniß. Er
buchſtabirt ſich laut die zweifelhaften Wörter.
**) Daſſelbe fordert der Leſeunterricht zum Aufrechthalten der Leſekraft,
die neben der wachſenden Leſefertigkeit ſtets in Gefahr des Erlöſchens iſt.

hatte im Dictirschreiben noch etwas Andres zu nennen, als die Laute, wenn sich Schüler und Lehrer verständigen wollten. Da war noch von einem „ha" nach dem gedehnten a, e ꝛc. zu reden, vom „e" nach dem i, vom a nach a, e nach e, o nach o, vom ell=ell in „Ball" u. f. w. u. f. w. Sobald man die Doppelzeichen der Consonanten, sobald man die gedehn=ten Laute mit dem folgenden Dehnungszeichen, ferner ph, th u. f. w. im Leseunterrichte als Einheit fassen läßt und überhaupt so verfährt, wie in der I. Abth. dieses Buches gezeigt wurde, so decken sich Laut und Buchstabe, und es ist ein naturgemäßes Dictirschreiben mit Zerlegen von der ersten Lesestunde ab möglich. — Wem ich noch undeutlich blieb mit der Be=hauptung, das Nennen der Buchstabennamen störe den nothwendigen Ein=klang zwischen Sprechen, Lesen und Schreiben, zerrütte den im Lesen aufgeführten Bau, den erinnre ich an die Nennung der Vocale im Buchstabiren. Man nennt stets gedehnte Vocale und buchstabirt so mindestens die Hälfte aller Silben ganz unrichtig. Man buchstabirt z. B.: Ka — uh — emm — emm — eh — err. Ich kann das accurat so ta=deln, wie man die Buchstabirlesemethode tadelte, wenn man sagte, das gebe im Leben nicht das Wort „Kummer"*), wenn man „ka", „emm" u. f. w. aussprächte. Wir bekommen „Kuh mehr" heraus, und nicht Kummer. Daß man bei sehr vielen Wörtern ganz andre wirklich vorkommende her=ausbuchstabirt, erhellt aus § 13. d. III. Abschn. **)d. I. Abth. dieses Buches.

Bei einem Dictirschreiben mit Zerlegen, worin sich Laut und Buch=stabe decken, dem Kinde fast zusammenfallen, muß man grade so viel der Orthographie mehr nützen im Vergleich mit dem Buch=stabiren, als man im Leseunterrichte der Laut= vor der Buchstabirmethode den Vorzug giebt. Doch ich habe noch nicht Alles genannt, was entgegensteht, um im Dictirschreiben der Buchstaben=namen entbehren zu können. Wie sollen Schüler und Lehrer sich über die verschiedenen Buchstaben verständigen, welche denselben Laut bezeichnen, z. B. „eff, vau, peha"? Ich habe es seit Jahren so gemacht, daß ich eff das erste Zeichen für den Laut f nenne und so stets die normalen. Die ganzen Benennungen nach Zahl und den beiden Arten Vocalen ergeben sich aus der Tabelle am Schlusse des III. H.=Ab. m. Fib. Mein Schüler zerlegt aber nicht etwa „M, gedehntes e, zweites t, wenn z. B. Meth" daran ist, sondern: M, e, t". Daß das gedehnte e gemeint sei, hört der Schüler, und braucht ja behufs Schreibens gar nicht erwähnt zu wer=den. Entweder belehrend oder examinirend kommt nach dem Zerlegen heraus, daß das zweite t gemeint sei.

Doch wie sollen Lehrer und Schüler sich in großen Klassen ver=ständigen, wenn man sich nicht der lautklingenden Buchstabennamen

---
*) Siehe „Nachsinners Lesekunst" über das „zornerweckende Buchstabiren: Wenn man hoch lesen will, spricht man ha, o, ce, ha" ꝛc.
**) Nöthigung v. orthogr. Standpuncte aus, die geschärften Vocale als be=sondre zu lehren.

bedient? Sehr gut, wie sich später § 4 in der III. Abth. ergeben wird.
— Will man sich hernach, wenn der Schüler orthographisch richtig schreibt, der Bequemlichkeit halber und weil das Dictirschreiben in der Weise, wie ich's treibe, aufhörte, der Buchstabennamen bedienen, so möchte ich vorschlagen, alle Consonanten durch Zusatz eines e hörbarer zu machen. F würde dann erstes Eff heißen und vau zweites Eff. Wenn ich mich bisher gegen das Dictirschreiben mit Nennung der Buchstabennamen wandte und zeigte, warum man so verfuhr, ja verfahren mußte, so bin ich noch eine Beleuchtung der „Schreiblesemethode" schuldig. Die Nothwendigkeit, die Lesekraft im Schüler zu erhalten, erfordert Zergliedern der Wörter. Jedem Lautmethodeschüler ist Zergliedern ebenso aus orthographischem Gesichtspuncte nöthig. Den großen Nutzen, nicht bloß mündlich zu zerlegen und nichts weiter oder auch dann an der Lesemaschine wieder zusammenzusetzen, sondern auch darnach sofort schreiben zu lassen, brauche ich gar nicht erst auseinanderzusetzen, es ist anderweit genug geschehen. Ebenso verzichte ich auf den Beweis, daß solches Verfahren nicht schwerer sei, als bei fortgelassenem Schreiben, ferner, daß es auch bei weniger befähigten Kindern in Stadt und Land anwendbar sei. Es läßt sich wohl mehr als das beweisen, wenn's noch noth thut! Ist nun in der Schreiblesemethode ein dem Lesen parallel laufendes ununterbrochenes Dictirschreiben? Die Antwort wird sich von selbst ergeben, wenn auch nicht sofort. Sehen wir erst andre Fibeln an. Jedenfalls ist eins, wobei Buchstabe um Buchstabe Gefahr bringt, unorthographisch zu schreiben, schlechter, als keins. Das heißt das Kind grade zum Gegentheile führen. Genügt zum Dictirschreiben eine nach Lauthäufungsschwierigkeiten abgestufte Fibel, wie alle vor den Schreiblesefibeln waren? Nein, wenn dies, dann würde sich jedes andre Buch eben nicht viel weniger dazu eignen, sobald nur der Anfänger die Klein- und Großbuchstaben schreiben gelernt hätte, da ja die Lauthäufung im Dictirschreiben keine Schwierigkeit macht, weil die Wörter vorher laut unter Anleitung zerlegt werden.

Nein, die zum Dictiren zu wählenden Wörter müssen nach orthographischen Schwierigkeiten geordnet sein; das zum Dictiren bestimmte Buch muß eine Orthographie in Beispielen sein. — Doch wozu? Es ist ja bekannt, daß wir die Orthographie durch's Auge erlernen. Sollte demnach der Leseschüler das in der Fibel gelesene Stückchen nicht auch richtig nach Dictando schreiben? Antwort: Der Anfänger im Lesen behält nun und nimmermehr auf den einzelnen Lesestufen die einzelnen Buchstaben, welche die eben erst mit Mühe gelesenen Wörter ausmachen, selbst wenn man das Behalten desselben und überhaupt das Schreiben dadurch noch erleichterte, daß man in der Fibel nur Schreibschrift böte; das Kind behält erst dann sicher die Wortbilder, sobald es bis zur **Wortlesefertigkeit** hindurchgedrungen ist, d. h. nach absolvirtem mech. Lesecursus und zwar von da ab auch erst langsam nach und nach, wenn es zum genauen Behalten durch Dictiren gelockt wird, und — es überwältigt die großen Schwierigkeiten unsrer Schriftsprache nur mit Hülfe und Stütze von **Analogieen.**

Das Dictirstoffbuch für Anfänger muß nach orthographischen Principien gebaut sein.

Alle Ausnahmen und Schwierigkeiten müssen fern gehalten sein, das Kind muß aus den Sammlungen sich die Analogieen ableiten und mit deren Hülfe das richtige Wort niederschreiben können, sobald es zerlegt wurde. Die Schreiblesefibeln sind auch nach orthographischen Rücksichten geordnet. Wir werden sehen, wie sie es sind.

§ 7. Das Schreiben nach Analogieen.

Dem fertigen Schreiber liegen die einzelnen Wortbilder fertig im Geiste aufgezeichnet, wie Jeder an sich selbst wissen kann. Wir schreiben, ohne an die Bestandtheile des Wortes zu denken, ohne es daraus bewußt, gleichsam schaffend, zusammenzusetzen. Nachdenken ist nur nöthig, insofern ein Wort eine Schwierigkeit bietet, die in seiner Stellung im Satze und Satzganzen seinen Grund hat (siehe d. beid. folgend. Abschn. dies. Abtheil.). Grade so spricht der fertige Leser die einzelnen Wörter beim Anblicken aus und nur die Stellung derselben in dem Lesestücke nöthigt ihn zum Nachdenken, zum Erfassen des Inhaltes, um richtig zu betonen. Bevor man fertiger Leser wird, setzt man bewußt auf Grund der Lesekraft die Bestandtheile des Wortes zusammen, je auf den verschiedenen Stufen aus einzelnen Lauten, Anlaut=, Inlaut=, Auslautgruppe, Silben. Ehe man fertiger Schreiber wird, verfährt man ebenso, man schafft gleichsam das einzelne Wort, setzt es bewußt zusammen. Fertiger Schreiber wird man bedeutend später, als fertiger Leser. Der Leser hat ja am gedruckten Worte einen Halt, eine bestimmte Mahnung zum Reproduciren; der Schreiber muß ohne sichtbaren Halt auf Grund des gehörten, dictirten oder sich selbst befohlenen Wortes schreiben. Andre Gründe sahen wir bereits früher.

Das bewußte Produciren des nichtfertigen Schreibers geschieht nach Analogieen, d. i. er stützt sich auf die in der Schriftsprache liegenden Gesetzmäßigkeiten. Diese Dutzende von Analogieen erschließen sich ihm nach und nach im jahrelangen Schreiben und — Lesen, je nach Kraft schneller oder langsamer, natürlich die Hauptgesetze wegen der verhältnißmäßig häufigern Wiederkehr, Wort für Wort, am schnellsten und frühesten; hierbei wie im Uebrigen je nach Kraft und Leitung früher oder später.

Wie gelangt man am schnellsten in den Besitz der Analogieen? Es dürfte schwer werden, abzuleugnen, daß es schneller und sicherer ge=

schehen müsse, wenn der Stoff des Unterrichtes nach den orth. Gesetzen geordnet ist, als wenn dem Schüler ordnungsloser Stoff geboten und ihm unter unsäglich häufigem Stolpern und Irren das Herausfühlen überlassen bleibt! Je klarer nach orth. Gesetzen der Stoff abgestuft und von allem Verwirrenden, den Ausnahmen gesäubert ist, desto eher. Wie nöthig dies sei, wie viel dies zu bedeuten habe, ergiebt sich aus der Eigenthümlichkeit unsrer Orthographie, deren große Schwierigkeiten wir betrachteten. — Siehe m. F. I. u. II. H.=Ab. und das gleichzeitig herausgegebene „Dictirstoffmagazin"! Ob das klare Aussprechen der Hauptgesetze nicht noch dem Fühlenlassen vorzuziehen ist? Ich bejahe das hier, wie seiner Zeit bei den Lesegesetzen. Regelkram wird das ja wohl nicht zu nennen sein!

§ 8. Die Schreiblesefibeln.

„Es haben so Viele vor der Schreiblesemethode orth. schreiben gelernt, also haben sie sich auch die orth. Gesetze abstrahirt, wenn dies überhaupt nöthig ist." (Es kann Jeder an sich merken, daß sie sogar dem fertigen Schreiber als Stütze nothwendig sind, — also wach erhalten im Schüler!) „Wozu Schreiblesefibeln, d. i. solche nach orth. Schwierigkeiten abgestufte." — „„Ja wozu überhaupt Fortschritt in irgend Etwas? Was kommt auf die Qual des Lehrers und Schülers an? Was auf die Zeit, in welcher das Kind die Orthographie sich aneignet? Was darauf, daß so unendlich Viele in ihrem Leben nicht richtig schreiben lernen?"" So mußte man replicirend auf jene Frage wieder fragen! Doch prüfen wir jetzt kurz, wie die Schreiblesefibeln nach orth. Rücksichten geordnet sind.

Es tritt Silbe für Silbe, wenn einem nicht fertigen Schreiber etwas dictirt wird, die Frage an ihn heran: Ist ein geschärfter oder ein gedehnter Selbstlaut vorhanden, oder, wenn man so will, muß ich das Consonantdoppelzeichen oder eins von den Dehnungszeichen oder gar nichts setzen? Alle nicht aus dem Mangel an eignen Buchstaben für die 7 geschärften Vocale fließenden Fehler sind an Zahl gering neben diesen, Silbe für Silbe. — Wie kann der Schüler auch nur zum Bewußtsein des geschärften neben dem gedehnten Selbstlaute kommen, wenn Wörter mit beiden Arten Silbe um Silbe gemengt auftreten? Wie kann er sich die Bezeichnung des geschärften neben dreifacher Bezeichnung des gedehnten und obenein neben unterlassener Kennzeichnung beider als die Hauptgesetze merken, wenn Alles bunt durcheinander auftritt? So ist es aber mit Ausnahme einiger Seiten, auf denen von „Dehnungs= und Schärfungszeichen" gehandelt werden wird. Soll sich das Kind die herrschenden Gesetze ableiten, um nach Analogieen schreiben zu können, so muß a. der Haupteintheilungsgrund von den Hauptgesetzen hergenommen werden; in einem Hauptabschnitte dürfen nur gedehnte, im andern nur geschärfte Silben vorkommen, b. so müssen die Unterabtheilungen in bei=

den durch die untergeordneten Gesetze in beiden Bereichen bestimmt werden, c. so muß jede Ausnahme in besonderen und zwar vollständigen Wörtersammlungen nachgebracht werden, um das Einprägen auch dieser Wortbilder zu ermöglichen, — und zwar **geordnet**, um so das Erfassen durch Nahelegen des Analogen in der Ausnahme zu erleichtern und dem Verwirrtwerden beim gegenseitigen Kreuzen der Regeln möglichst entgegenzutreten.

Wäre eine Schreiblesefibel so, dann wäre keine von mir geschrieben. Sie sind nicht so, weil die Eintheilung nach „lautgetreuer" und „nicht lautgetreuer Schreibung" eine **grundfalsche** ist, so wie sie sich uns in den Fibeln **durchgeführt vorstellt**.

Es soll nämlich lautgetreue Schreibung sein, wenn kein sogen. Dehnungs= und Schärfungszeichen in den Wörtern vorkommt, und doch ist dabei Fehler über Fehler möglich, und doch ist nur **das lautgetreue Schreibung**, wenn **Buchstabe und Laut in Einklang gebracht werden**, wenn **Beide sich decken**, wenn man nicht von Dehnungs= und Schärfungszeichen u. dgl. als etwas ins Schreiben von wer weiß woher oder wozu Hineingekommenem redet, wenn man ah u. s. w., aa u. s. w., ie, th u. s. w., ll u. s. w. als Einheiten fassen läßt. U. s. w. u. s. w. Siehe Abth. I. u. II. dieses Buches.

In dem Abschnitte „lautgetreue Schreibung" bringen die Schreiblesefibeln höchstens einige Mandeln von wirklich solchen nach dem bisherigen orth. Systeme. Setzt man aber Laut und Buchstabe in Einklang, so wird mein ganzer I. u. II. H.=Ab. mit Tausenden von Wörtern zum Beispiele lautgetreuer Schreibung. Eine solche wird bei mir Regel, alle deutschen Wörter umspannend; während die nach der bemängelten Weise sehr winzige Ausnahme ist. Daher kein Stoff zum Schreiben ohne Fehler, daher kein fortlaufendes Dictirschreiben. Was kann für Gewinn aus dem Schreiben so weniger in Wahrheit lautgetreu geschriebener Wörter, welche die Schreiblesefibeln bieten, für die Orthographie kommen. — Andersschreibung nenne ich nur, wenn man z. B. im Worte ein ä hört und doch ein e schreiben soll u. dgl.

Jetzt Beweise, daß Fehler im Schreiben nach den vorhandenen Fibeln **möglich** sind! Ich lese in lautgetreuer Schreibung etwa als siebzigstes Wort in der besten Schreiblesefibel, die ich kenne, ein Wort wie „leben". Wer hindert, daß der Anfänger nicht „läben" schreibt? Solche Wörter treten fort und fort auf. Ebenso Wörter mit geschärftem ä neben solchen mit e. s. w. u. s. w. — Ich finde Wörter mit v neben solchen mit f. Wer hindert die Verwechselung, und wie kann sich so der Schüler f als Normalzeichen einschreiben, also das Gesetz einprägen: Setze stets f, wenn du nicht eins der wenigen besonders aufgestellten Wörter mit v, e neben ä schreiben sollst! — (Ebenso äu neben eu u. s. w.)

Indem ich abbreche, behaupte ich noch: a. Es sind in solchem gleißenden Abschnitte **lautgetreuer** Schreibung ebensoviele Fehler mög=

lich, als im Dictiren nach andern Fibeln mit Ausnahme vom fälschlichen Hineinschreiben der Dehnungs= und Schärfungszeichen. — b. Was lautgetreue Schreibung sein soll, sind größentheils Ausnahmen von den Haupt= und Nebengesetzen, und der Schüler wird durch den ganzen Abschnitt methodisch verleitet, die orth. Gesetze nicht zu finden, angeleitet, als Gesetz sich einzuprägen, was Ausnahme ist, und dies wäre selbst dann noch so, wenn eben dieselben Wörter noch nach gedehnten und geschärften Selbstlauten in 2 Unterabtheilungen geschieden aufträten, was nicht einmal der Fall ist. — Weil dies nicht so ist, so ist selbst das Zerlegen der Wörter auch kein „lautgetreues". So wird z. B. zerfällt, noch ehe das erste halbe Dutzend Wörter der fraglichen Fibel zu Ende ist: „ih" — „m" und es soll doch „im" herauskommen u. s. w. — Die fernere Prüfung überlasse ich dem geehrten Leser.

Ein Dictirstoffbuch, welches bei einem Anfänger im Lesen gebraucht werden soll, muß so sein, daß der kleine Schreiber auf jeder einzelnen Unterstufe, in jedem einzelnen §. keinen einzigen orth. Fehler machen kann, bei selbstständigem (schaffenden) Schreiben, — außer Fehlern der Unachtsamkeit. Dabei muß jeder folgende § nicht etwa orth. Verstöße gegen früher Dagewesenes möglich sein lassen oder zu ihrer Vermeidung ein andres, als ein Kindesgedächtniß fordern. Diese Anforderung an ein element. Dictirstoffbuch klingt sehr hoch, so daß sie nicht höher sein kann; sie ist aber nöthig, mag man nun den Anfänger um des Lesezweckes oder um der Orthographie-willen schreiben lassen, und ihre Erfüllung möglich. 1) Nöthig ist sie, denn a. der nicht fertige Leser kann nicht auf Grund der Einprägung der Wortbilder schreiben, hat's also nach den Gesetzen zu thun, b. der kleine Anfänger würde sofort verzagen, und nicht mehr auf Grund der Lesekraft nach dem Zerlegen selbstständig schreiben, wenn er sieht, daß ihm die eigne Kraft nichts hilft, daß Sprechen und Schreiben nicht übereinstimmen je ein Buchstabe für je einen Laut, Laut um Laut. — Um die Höhe der Forderung ꝛc. zu erkennen und die unendlich große Gefahr, den kleinen Schreiber zu entmuthigen, recht deutlich einzusehen, mag einmal erwogen werden, wie viele Fehler beim selbstständigen Schreiben möglich sind. Nehmen wir z. B. das Wort Vaterland. Das Kind kann schreiben: Vaterland, Faterland, Phaterland, — Vaterland, Vatterland, Fatterland, Phatterland, — Vahterland, Fahterland ꝛc., — Vatherland ꝛc. — Vaterrland ꝛc. — Vatehrland ꝛc. — Vaterlahnd ꝛc. — Vaterlannd ꝛc. — Vaterlant ꝛc. — Vaterlanth ꝛc. — Vaterlandt ꝛc. — das ist 36 mal. Bei Schreibung mit Kleinbuchstaben anstatt der Großbuchstaben giebt dies wieder 36, also 72. Hierbei ist jedes Mal nur ein Fehler berechnet! 2) Wenn die Anforderung als nothwendig einleuchtet, so dürfen wir jetzt die Möglichkeit, ihr zu genügen, besprechen. Ein Dictirstoffbuch für den Anfänger hat die betreffenden Eigenschaften, sobald man vom Anfange alles

Unterrichtes ab dem Kinde nur Silben mit **gedehnten** Vocalen dictirt und zwar solche, welche sich den **Hauptgesetzen** fügen, und später solche mit nur **geschärften** ebenso, sobald man dabei auch **keinen andern Lesestoff** bietet, sobald man das Kind nur mit dem **normalen Zeichen** für jeden Laut bekannt macht, Laute und Buchstaben in Einklang bringt, überhaupt alle bisher in diesem Buche besprochenen Reformen vernimmt, und — in Bezug auf die Wahl der Großbuchstaben den später zu besprechenden Schutz gegen Fehler eintreten läßt. — Der Forderung ist Genüge geleistet im Dictirstoff m. Fib., Abschnitt I. u. II. und in dem „Dictirstoffmagazin". Es sind darin nur Unachtsamkeits= und solche Fehler möglich, welche aus der Verwechselung von b, t u. s. w. am Schlusse der Wörter entstehen. Man **prüfe aufs strengste**! Was die letzterwähnte Art Wörter anlangt, so bemerke ich, daß auch sie zu vermeiden möglich war, wenn nicht höhere Rücksichten es verboten. Wie sie auf spätern Stufen zu vermeiden, darüber ist bereits früher gesprochen worden. Hier hat der Lehrer jedem Fehler beim Zerlegen vorzubeugen und daneben die Schüler zur Aufmerksamkeit auf das Gelesene anzureizen, d. ist das Achten auf die ganzen Wortbilder durch das leichtere auf die Endbuchstaben anzubahnen. — Der von mir gelieferte Dictirstoff reicht als Begleiter von **mehreren** Lehrcursen und ist ein lückenloser Stufengang. Genaueres später! Was ich unter „Hauptgesetzen" der Orthographie verstanden wissen will, wird bald hervortreten; leichtlich zeigt es auch ein Durchblättern der Fibel und wie ihrer so wenig sind, daß auch das schwache Kind sie handhaben könne.

§ 9. Lesen und Schreiben, element. Lesebuch und orthogr. Lernbuch).

1. Wenn man die von mir im vorigen Theile besprochenen Schwierigkeiten in Orthographie, die vielen in ihr waltenden Regeln und Ausnahmen mit denen im Lesen vergleicht, so findet man, daß diese Stück für Stück bis in's Kleinste hinein, hundertfältig ganz dieselben sind, wie S für S zeigt. Hierin liegt eine unabweisbare, eiserne Nothwendigkeit, Lesen und Orthographie **stufenweise** gleichzeitig zu lehren mit gleichzeitigem **Anfange**, wenn es nur möglich ist.

2. Ehe man ein fertiger Leser wird, muß man das **Ohr** zum Unterscheiden der verwandten Laute geschärft haben, und das **Auge** muß vom Unterscheiden der ähnlichen Buchstaben in gleichen und verschiedenen Alphabeten an bis zum Erfassen der ganzen Wortbilder hin vielfältig geübt werden. — Dasselbe ist in der Orthographie nöthig.

3. Der fertige Leser muß die ganzen Wortbilder im Geiste fertig liegen haben und hat sie; der fertige Schreiber ebenso. — Ersterer gelangte dazu durch viele Uebung im Lesen, durch unendlich oft wiederholtes Anschauen derselben Wortbilder. — Der fertige Schreiber erwarb ebendasselbe nicht anders. — Das Lesen dient der Orthographie!

4. Der nicht fertige Leser setzt aus den einzelnen Lauten, durch den Anblick der Buchstaben daran gemahnt, die einzelnen Wörter ordnungsmäßig nach Silben zusammen, d. i. er wendet seine Lesekraft an. — Der nicht fertige Schreiber setzt auf fremdes oder eignes Geheiß (— Dictiren, — mehr oder wenig selbstständige Wiedergabe der Gedanken —) die einzelnen Buchstaben zum Worte zusammen, wobei auch er der Silbentrennung zu gedenken und wie der Leser die Ableitungssilben besonders zu kennen nöthig hat.

5. Die Lesekraft muß auch beim fertigen Leser wach erhalten werden, um damit an noch nicht gelesene oder noch nicht sicher eingelesene Wortbilder unverzagt treten und sie lesen zu können. — So muß die componirende Schreibekraft stets vorhanden sein und kommt beim Schreiben, das im Vergleiche mit dem Lesen langsamer geht und die einzelnen Bestandtheile (Buchstaben!) einzeln schaffend, stets in Anwendung auch beim fertigen Schreiber. — Beide Kräfte sind eins, nur ihre Aeußerung eine andre. (Hörbar, sichtbar.)

6. Zum Wacherhalten der Lesekraft ist vielfaches Zerlegen und unmittelbar folgendes Zusammensetzen der Wörter durch den ganzen elem. Lesecursus und darüber hinaus nöthig, sobald man die Lautmethode anwendet. (Die Buchstabirmethode hatte es Wort für Wort als untrennbar von ihr!) Das Schreiben der zerlegten Wörter ist dazu das dem bloßen Kopflautiren unbedingt vorzuziehende, ja das beste Mittel. Dies ist es, weil es das flüchtige Kind zur ernsten, langsamen, nachhaltigen Betrachtung der einzelnen Buchstaben in ordnungsmäßiger Reihenfolge in jeder Silbe nöthigt, weil im Schreiben zugleich die Controle der aufmerksamen Betrachtung liegt, und weil das Geschriebene, nachdem es geschaffen, selbst wieder Veranlassung zum Lesen bietet, also neue Leseübung wird. — Der orthographische Unterricht dient dem Leseunterrichte, ist mit seiner Hülfe unentbehrlich, indem er zum Wacherhalten der auch zu seinem Zwecke nöthigen (derselben) Kraft als beständiger Begleiter auftritt und sich des beiden nothwendigen Mittels, des Zerlegens, bedient.

7. Wenn man nur das dictirt, was unmittelbar vorher gelesen wurde, so unterstützt schon von der ersten Schulwoche ab das lesende Auge den orth. Zweck, indem es manchen Fehler unmöglich macht. Je länger, desto mehr wird das behaltende Auge eine Stütze bis zum vollen Erwerb der ganzen Wortbilder, und mit Hülfe der Analogieen aller Wörter unsrer Sprache. — Das Lesen dient der Orthographie! (Ich überlasse dem Auge die ähnlichen Endbuchstaben.)

8. Der angehende Leser stützt sich auf die hundertfachen Analogieen, die er im Lesen erwarb, und wird so schneller zur Fertigkeit kommen, seien Methode und Lehrbuch, welche es wollen. In nahe liegender beschränkter Weise thut dies auch der fertige Leser. — Der angehende Schreiber kann sich, wenn er noch nicht fertiger Leser ist, hauptsächlich nur auf

Analogieen stützen, denn die Wortbilder sind noch nicht sicher im Kopfe und das Auge beim Lesen des hernach zu Schreibenden ist wegen Ungeübtheit noch unzuverlässig. — Der fertige Schreiber stützt sich ebenso bei unbekannten Wörtern auf Analogieen. — Die Lesegesetze sind aber mit den orth. vollkommen **identisch**. Man darf sie nur für beide Sprachunterrichtszweige verschieden formuliren. Sie dort erworben haben, heißt, sie hier besitzen! — So dient Lesen der Orthographie und Dictiren dem Lesezwecke!

9. Die von mir in unsern Lesemethoden beregten Mängel sind ebensowohl ohne Ausnahme und eben so sehr Hindernisse in dem orth. Unterrichte. Sie im Lesen forträumen, heißt, sie auch im andern Sprachunterrichtszweige beseitigt haben. — Lesen dient der Orthographie!

10. Soll das Lesen in Wahrheit Lesen sein, so muß alles Abnorme im element. Lesebuche aus Ende kommen. Ebenso im orth. Unterrichte. Das Abnorme ist dasselbe hier und da. (III. H.=Ab. m. Fib.!)

a. Wenn in diesen 10 Punkten, der kurzen Recapitulation meines Buches, nicht der schlagende Beweis liegt, Lesen und orth. Unterricht müßten von der ersten Schulwoche ab ununterbrochen Hand in Hand gehen, zu einem verschmolzen, betrieben werden, sobald nur ein Lehrbuch Beiden gleichzeitig dienen kann, dann weiß ich nicht, was ein Beweis ist.

b. Ebenso muß ich sagen, ich wisse das nicht, wenn daraus nicht sicher und gewiß folgt, das orthogr. Lehrbuch könne und müsse eins und dasselbe mit dem elem. Lesebuche sein; und es könne und müsse sich solches Buch in der Hand des Schülers befinden. Ein besonderes Lehrbuch der Orthographie statt der Fibel, des Lesebuches u. s. w. als Mittel, sich die Wortbilder durchs Auge einzuprägen, wird schneller zur Orthographie führen, da a. seine Anordnung das Einprägen an der Hand der Analogieen erleichtert; da b. dasselbe schon ein Schreiben nach den Hauptgesetzen ermöglicht. — Das elem. Lesebuch darf daneben nicht nach andern Grundsätzen gebaut sein, da es als **gleichzeitig** in der Hand des Schülers, dem Erlernen der Orthographie auf den vorgenannten beiden Wegen hinderlich sein müßte. Man hielt bisher eine vollkommene Vereinigung beider, des orth. Lehrbuches und des elem. Lesebuches für unmöglich und zur Einführung eines besondern Lehrbuches der Orthographie in den Volksschulen stand der Kostenpunkt entgegen, wenn auch ein für diese Stufe praktisches vorhanden gewesen wäre. Beide Bücher müssen **eins** sein und sie **können es**, wenn **alle die von mir in vorliegendem Büchlein beregten Mängel unsrer Methoden abgestellt** werden, so wie die der Fibeln und des orth. Systems.

c. Eine nach orthograph. Rücksichten geordnete Fibel führt am leichtesten zum Lesen und muß gleichzeitig das naturgemäßeste Lehrbuch der Orthographie sein.

NB. Ob eine Lesefibel gleichzeitig den ge sammten orthographischen Unterricht zu Ende führen könne, das erhellt noch nicht; denn noch haben wir die 2. und 3. Abtheil. dieses Unterrichtes nicht betrachtet.—Ob ferner solche Fibel die Vorzüge andrer, z. B. das frühe Auftreten von inhaltsvollem Lesestoffe miterreichen kann, muß sich später zeigen.

II. Abschnitt.

Das Bild des Wortes im Vereine mit andern, und der Großbuchstabe am Substantiv.

Die Wortbilder einzeln betrachtet, abgesehen von den Großbuchstaben am Anfange der Substantiven, werden durch's Auge erlernt, unter mehr oder weniger guter Hülfe durch Methode und Lehrbuch langsamer oder schneller, schwerer oder leichter; ihre Schreibung durch Dictiren von der ersten Schulwoche ab ist an der Hand der orth. Hauptgesetze möglich, ja nöthig. Welche Stellung nimmt zu dieser Sachlage das Wort im Verbande mit andern ein und der Gebrauch der Großbuchstaben am Anfange der Substantiven und anderwärts?

Im Laufe der Zeit ist neben dem Alphabete der Kleinbuchstaben noch das der Großbuchstaben eingeführt. Ihre Anwendung hat sich von der am Anfange der Rede zu der des Satzes und zu der der Dingwörter erweitert. Ursprünglich hatten sie nur die Bedeutung einer Zierde; später bekamen sie den Charakter eines Mittels zum leichtern Verständniß der Schriftsprache. Diejenige Zeit, welche das schnellere Verständniß überhaupt als zweites Princip neben jenem ersten, nämlich nach dem Klange — lautgetreu — zu schreiben, aufstellte, ist mit ihrer übertriebenen und inconsequenten Durchführung eine sehr bedauerliche und erschwerte das Erlernen der deutschen Orthographie ungemein.

§ 1. Das Bild des Substantivs.

Wer vom Einprägen der Orthographie durch's Auge redet, der muß allerwärts vom Großbuchstaben in den Wortbildern absehen. Jedes Dingwort kann vorn einen Kleinbuchstaben haben, nämlich als zweiter Theil eines zusammengesetzten Wortes. Ebenso kann jedes Wort, das für gewöhnlich einen Kleinbuchstaben zu Anfange hat, auch mit einem Großbuchstaben geschrieben werden, nämlich als Anfang eines Satzes. Sprechen wir jetzt zunächst von den Substantiven! Um im Anfange derselben anstatt der Klein= die entsprechenden Großbuchstaben richtig zu setzen, muß man die Wörter als solche erkannt haben. Dazu gehört Verstand. Leicht ist das Erkennen der Concreta, schwer das der Abstracta. Außer den eigentlichen Dingwörtern kann jedes andre den Großbuchstaben fordern, nämlich wenn es dingwörtlich gebraucht wird. Häufig kommt dies bei den allgemeinen Zahlwörtern vor. Dies zu erkennen, ist für das junge Kind schwer. Wir schreiben auch die allgemeinen Fürwörter groß. Man muß sie also kennen.

Welches Wort Dingwort sei und im Satze als solches auftritt, das erkennen die Schüler der Volksschule mit Sicherheit erst nach Jahren, wie die Lehrer wissen. — Die Regel vom Vorsetzen des Artikels leitet durchaus nicht sicher, wenn man auch dem Kinde die Lust zuschreiben wollte, jedes zu schreibende Wort mit „der, die, das" zu prüfen. Sie setzt ja die Bekanntschaft mit der hörbaren Sprache voraus. Diese Voraussetzung trifft im Bereiche der Abstracta bei Kindern nie ganz und in den ersten Schuljahren ganz und gar nicht zu. Da stempelt denn der Schüler mit dem „der, die, das" zum Substantiv, was keins ist und umgekehrt, wie die Praxis täglich zeigt.

Die Lust aber zur Prüfung, wie überhaupt die, sich um die Schreibung der Wörter im Lesen und Schreiben zu kümmern, kann nicht als angeboren vorausgesetzt, sie muß angebildet werden. Einen Halt hat man an der Lust der Kinder am Produciren. Wie bald sie durch die orth. Schwierigkeiten ertödtet wird, berührten wir schon. Sobald das Kind im Gebrauch eigner Kraft fehlerlos schreiben kann, dann ist sie da und wächst, und so darf ich denn bei dem Dictiren nach m. Fib. getrost das Achten auf die leicht zu verwechselnden Laute am Ende (b, t u. s. w.) dem Auge überlassen — als Einziges für's Auge, da das Kind im Uebrigen selbstständig richtig schreibt.

Die Lust, Wörter zu prüfen, ob sie Dingwörter seien, wird in der allgemeinen Lust zum Prüfen und Aufpassen mit anerzogen. Schwer, oft gar nicht mehr ist sie zu erwecken, wenn dem elem. Leseunterrichte nicht das Schreiben zur Seite läuft. Stumpf und gleichgültig lesen die Kinder und werden fertige Leser und prägten sich die Wortbilder nicht so genau ein, als zum Schreiben nöthig; das führt bei unterlassener Uebung, die Druck= mit den Schreibbuchstaben zu identificiren (Copiren, Dictirschreiben), dahin, daß solche ganz tüchtigen Leser nicht die einfachsten Wörter richtig schreiben. Von der Wahrheit meiner Behauptung überzeugt man sich in allen betreffenden Schulen, wie ich mich unendlich oft davon überführte.

Leuchtet hiernach wiederum wie so sehr oft schon die Nothwendigkeit ein, daß Lesen und Schreiben von der ersten Schulzeit ab Hand in Hand gehen müssen, so folgt daraus auch, daß die Dingwörter mit ihren Großbuchstaben das nicht unmöglich machen. Sou man sie mit Klein=

buchstaben drucken und den Schüler schreiben lassen? Das hieße Unrichtigschreiben anstreben! Nein. Es geht anders. Man nehme nur Concreta zum dictiren, nöthige zum Aufmerken auf den Gebrauch der Großbuchstaben, dann können auch keine Fehler entstehen! Das Kind geht an der Hand der Regel: „Schreibe mit einem Großbuchstaben vorn alle Wörter, welche Etwas bezeichnen, das man „anfassen" kann." Man darf, wie Sitte ist, nicht sagen „sehen," denn alsdann schreibt der Anfänger auch eine Zahl Adjectiven groß (grün u. dgl.). In den zum Dictirstoff bestimmten Sätzen nach jeder Uebung in meiner Fibel, wie in dem zur Seite laufenden „Dictirstoffmagazin" treten nur Wörter auf, welche Tastbares bezeichnen, mit Ausnahme von „Gott, Engel, Himmel, Hölle." Gott und Engel denkt das Kind sich körperlich, Himmel und Hölle als tastbaren Ort, also schadet das nichts. Oefters wende ich auch ein Wort im figürlichen Sinne an, das schon als Concretum auftrat. Durch das dem Dictiren des Satzes folgende Eröffnen des Verständnisses wird so der Dingwortsbegriff im Kopfe des Kindes erweitert und bei Einführung der Abstracten nach vollendetem Cursus im elem. Lesen ist es dazu übergeleitet, und so gut vorbereitet.

Wann, genauer gesagt, dürfen Abstracta dictirt werden? Bei keinem Schüler vor absolvirtem mechanischen Lesen, denn auch der befähigtste Schüler, den es je gab, ist nie in dieser Zeit geistig so reif, Abstracten als Dingwörter zu erkennen. Wann nachher dies geschehen soll, hängt von der Verstandesreife der Schüler ab. Mein „Dictirstoffmagazin" bietet Gelegenheit, diejenige Abtheilung, welche eben den elem. Lesecursus vollendete, im Dictiren zu der eben erst anfangenden Abtheilung zu ziehen, ohne die ihnen dictirten Sätze wieder nehmen zu müssen. Der Stoff in der Fibel dient einem Jahrgange, der im „Magazin" mehreren folgenden. Letzteres hat nämlich die bei jeder Leseübung in der Fibel gemachten überschüssigen Sätze aufgenommen. Das Büchlein wäre zu stark geworden, hätte ich nicht aus dem größten Theile des Stoffes ein Buch für die Hand des Lehrers gemacht. Es sind aber so viel Sätze überhaupt gebildet, weil jedes einzelne Wort der beiden ersten Hauptabschnitte in mindestens je einem vorkommen sollte, mit Ausschluß der Abstracta, und wo sich keiner, passend für das kleine Kind und aus nur bereits vorher dagewesenen Wörtern bestehend, machen ließ. Letzteres, um Wort für Wort das lesende Auge als Stütze anrufen zu können, was doch mit der Zeit mehr und mehr möglich wird, und um so dem Schüler stets sagen zu können: „Du hast das Wort ja gelesen," ihn also zum Achtgeben auf die Wortbilder Wort für Wort anzuhalten. In Parenthese ist hierbei mit Betonung zu bemerken, daß die Wortbilder der Substantiven nie ganz mit dem Auge zu erlernen sind, da das Substantiv als zweiter Theil des Compositi klein geschrieben wird.

Wenn auch das Kind mit Lust zum Behalten der Wortbilder, und nach Gewöhnung ans Aufmerken darauf, sich schon etwas auf das Auge stützen kann, sobald es leidlich liest, so ist es dennoch im Massenunterrichte nicht gerathen, sofort darauf zu den Abstracten zu gehen. Es ist doch noch zu schwer, auch der Inhalt, weil abstract, weniger ansprechend, weil ferner noch zu hoch, und es ist um der Orthographie und des Lesens willen ein **befestigender Wiederholungscursus** nöthig. Das Mitschreiben mit der niedern Abtheilung ist ein solcher. Gleichzeitig ist er ein **Fortschritt** in zweifacher Art, denn es kommen beim Besprechen der dictirten Sätze neue Wörter zur Erklärung und neuer sachlicher Inhalt. Und käme im dritten Schuljahre noch ein solcher, was von Umständen abhängt, so wäre dadurch dennoch in keinem der beiden Fächer und überhaupt in der Gesammtbildung des Kindes eine Hemmung entstanden. Die **Abstracten gehören an den Schluß des gesammten orth. Cursus.** Siehe mein Dictirstoffmagazin IV. Abschnitt. Der dort gebotene Stoff ist eine überreiche Spruchsammlung zum Katechismus, insoweit darnach geordnet, als der orth. Zweck es zuließ. — Stütze des Religionsunterrichtes! — Ineinandergreifen der Lehrobjecte! — Wir haben noch über die allgemeinen Fürwörter zu reden. Sie sind zu memoriren. Man findet sie in meiner Fib. III. H.=Ab. § 23.

§ 2. Das Wortbild des Compositi.

Das zusammengesetzte Wort ist zweifacher Betrachtung zu unterstellen, einmal im Allgemeinen, dann in einer besondern Art. — — Compositen nicht als Ganzes, sondern getheilt zu schreiben, ist ein Fehler. Zu erkennen, ob man einfache Wörter oder das gleichklingende Compositum vor sich habe, dazu gehört oft nicht schwacher Verstand. Es kommen heute solche Verstöße selbst in den letzten Schuljahren des Schülers und auch in guten Schulen vor.

Sehen wir uns nach Hülfe um! Sie liegt in der Betonung. (Man schlage den betreffenden § in diesem Buche nach!) Im großen Ganzen gilt die Regel, daß der erste Theil der Zusammensetzung, das Bestimmungswort, den Ton habe. Da diese Regel aber nicht geringe Ausnahme hat, so muß das Kind in einem Buche Gelegenheit haben, sich die Regel und die Ausnahmen in Uebersichtlichkeit zum Erfassen des Regelmäßigen darin einzulesen. Dazu ist § 14 in II. H. = Ab. m. Fibel. — Wiederum ein Beweis, daß der orth. und Leseunterricht Hand in Hand gehen und an demselben Buche gelehrt werden müssen!

Volle Hülfe kann in der Schreibung zusammengesetzter Wörter nicht gewährt werden, da die wechselnde Betonung der Wörter im Satze je nach dem Sinne wechselt und störend eintritt. Das Verständniß ist der einzig sichere Führer! Vorzugsweise merklich machen sich einige Verhältnißwörter, z. B. zu. Man darf sich über solche Fehler aber wohl trösten, da sie nicht die Wortbilder entstellen. Man sehe auch III. H.=Ab. § 21.

Die im Dictirstoff auftretenden (wenigen) Compositen sind meist aus vorher gelesenen Wörtern zusammengesetzt und sollen eine Anreizung sein,

Achtung zu geben. Es wird stets beim Dictiren gesagt, daß ein Compo=
situm vorliege und auf das Wesen eines solchen hingewiesen.
Besondre Beachtung ist den zusammengesetzten Substantiven zu wid=
men. Bei ihnen kann außer dem Fehler, sie getrennt zu schreiben, auch
noch fälschlich das Grundwort groß geschrieben werden und auch das ganze
Wort klein anstatt groß. Einige Hülfe liegt in den Regeln: a. Bekommt
von zwei sich unmittelbar folgenden Dingwörtern das erste den Druck, so
hat man ein zusammengesetztes vor sich; b. ein Compositum bekommt
nur vornan den Großbuchstaben, sobald der zweite Theil desselben ur=
sprünglich ein Substantiv ist. (z. B. Ueberfall — goldgelb.) S. II. H.=Ab.
§ 14 m. Fib.
Beim Dictirschreiben neben dem elem. Leseunterrichte ist stets zu be=
lehren, so daß kein Fehler entstehen kann. Um das Compositum als solches
erkennen zu lassen, muß der Lehrer die Theile desselben lieber auffallend
schnell zusammenziehen.

§ 3. **Das anredende Fürwort und die Titulaturen in
Briefen. — Der Großbuchstabe am Anfange der
Zeilen in Gedichten.**

Die Anwendung der Großbuchstaben in den durch die Ueberschrift
genannten Fällen ist leicht zu erlernen. Bezüglichen Lese= und Schreib=
stoff mit anderem vermengt dem Kinde vorführen, bevor es leidlich in der
Orthographie sicher ist, würde es verwirren. Demgemäß dürfte zu ver=
fahren sein, so lange der Schüler nicht über die Fibel hinaus ist. In ein
dem elem. Leseunterrichte zur Seite laufendes Dictirschreiben gehört er
nicht. (Stylübungen! —)
Die Fürwörter groß zu schreiben, wenn sie sich auf Gott und unsern
Heiland beziehen, halte ich für eine Neuerung, die ich nicht billigen kann,
— und zwar aus Religion. Wer aber anders empfindet, könnte es we=
nigstens noch aus sprachlichem Grunde angemessen finden, sie aus den
Volksschullesebüchern fern zu halten.

§ 4. **Der Großbuchstabe am Anfange der Sätze.**

Am Anfange eines Satzes, eines selbstständigen einfachen, zusam=
mengezogenen und zusammengesetzten, steht ein Großbuchstabe. Nach den
äußern Merkmalen sich richtend spricht man das aus: „Schreibe groß,
wenn du anfängst zu schreiben, nach einem Punkte, nach einem Colon mit
Anführungszeichen; oft nach einem Ausrufungs= und Fragezeichen.
Wer selbstbestimmend sicher bei Anwendung der Großbuchstaben
verfahren will, der muß die Gliederung der zusammenhängenden Rede in
schriftlicher Darstellung verstehen. Es sicher zu können, dazu gehört
umfassende und gründliche Kenntniß der Satzlehre. Aber es selbst nur so
leidlich herauszufühlen, ist schwer; und unerreichbar bei kleinen Kin=
dern. Während das andre erreichbar ist, muß man das Erkennen des

Anfangens eines selbstständigen Satzes nach dem Ausrufungs= und Frage=
zeichen als das Schwierigste bezeichnen.

Doch das sofortige Dictirschreiben vom Beginn des Leseunterrichtes
an wird dadurch nicht berührt. Dagegen zu fehlen, daß man beim jedes=
maligen Anfange des Schreibens nur Großbuchstaben setze, kann nur in
Unachtsamkeit seinen Grund haben; im Uebrigen ist Rath; denn der
Lehrer sagt die Satzzeichen und hat dabei zu bemerken, ob nach dem jedes=
maligen Ausrufungs= und Fragezeichen ein selbstständiger Satz anfange.

§ 5. Die Interpunction.

Die Interpunctionszeichen dienen zwei Zwecken; einige stehen im
Dienste beider. — Jetzt setzen wir diejenigen Interpunctionszeichen, welche
die Redepausen markiren, streng nach der Satzlehre; ehedem nicht so ge=
nau; sondern auf Grund des Pausirens. Beides stimmt nicht durchweg
überein. Ist jetzt die Willkür verbannt, so setzt nun das sichere Hand=
haben des Interpungirens auch genaueste Kenntniß der Satzlehre
voraus. Diese ist nicht leicht! Seitdem die Volksschule den Sprach=
unterricht an die Lesestücke knüpft, muß der Schüler sich mehr auf das
Herausfühlen stützen. Dies ergiebt sich in genügendem Maaße erst nach
Jahren. Aeußerliche Regeln können stützen; leicht leitet sie sich der Lehrer
ab. Zu wissen, was ein Frage= und Ausrufungssatz sei, lernt sich leicht,
drum schnell.

Wenn, wie am Schlusse des vorigen § gesagt wurde, bei einem Dic=
tirschreiben von der ersten Schulzeit des Kindes an, die zu setzenden Inter=
punctionszeichen vom Lehrer genannt werden und müssen, so ist das ein
vortreffliches Mittel, dem Kinde zur künftigen selbstständigen Anwen=
dung im Aufsatze zu helfen. Daß es dies sei, liegt sowohl in der frühern
Zeit der Uebung darin, im Vergleiche mit ehedem, als im frühzeitigen
Anleiten, auf die Zeichen zu achten, als auch in der Beschaffenheit des
Dictirstoffes nach Bau und Inhalt im Vergleiche mit zusammenhängender
Rede in spätern Schuljahren. Wenn sich somit das frühzeitige Dictir=
schreiben, und zwar auch von Sätzen, als der Interpunction dienend, sehr
empfiehlt, so steigert sich das noch, wenn man daran denkt, wie gar manche
Schule so viel mit der Orthographie zu thun hat, daß sie nimmer der
Interpunction ihre Blicke zuzuwenden Zeit behält. Es währt nicht lange,
— das kann ich auf Grund meiner Praxis behaupten, — so setzen die
kleinen Anfänger, welche nach meiner Methode unterrichtet wurden, die
Frage= und Ausrufungszeichen, dann auch das Kolon mit dem Anfüh=
rungszeichen, darnach den Punkt ehe ich es befehle. Letzterer macht mehr
Schwierigkeit, als man denken sollte und dies darum, weil er leicht mit
dem Semikolon zu verwechseln ist. Dies kann aber darum geschehen, weil
die größere oder geringere Selbstständigkeit der Sätze schwer herausge=
fühlt wird und der genannte Begriff ein relativer ist.

§ 6. **Rückblick auf diesen Abschnitt.**

Der Gebrauch der Großbuchstaben kann im Ganzen nicht mit dem Auge erlernt werden, beim Substantiv kann letzteres nicht a l l e i n leiten, da das Auftreten der Großbuchstaben im Anfange des Satzes u. s. w. und die Stellung der Substantiven als Theil des Compositum störend eintritt. — Für den Beginn des Dictirschreibens in den ersten Schulwochen ist da im Ganzen kein Hinderniß. Das Wenige, was fern gehalten werden muß, wurde genannt. Die Interpunction nimmt solch frühes Dictirschreiben als bedeutende Hülfe zum sehr willkommenen Diener an.

III. Abschnitt.
Die gleichklingenden Wörter und ihre verschiedenen Bilder.

§ 1.

Wir haben in unsrer Sprache eine sehr große Zahl gleichklingender Wörter, welche durch ein verschiedenes Bild der Schriftsprache unterschieden werden. Sie zerfallen in zwei wesentlich verschiedene Hauptgruppen.

Die e i n e umfaßt diejenigen, welche sich nur durch den Groß- oder Kleinbuchstaben unterscheiden, z. B. „bade,” — „dem Bade," er gebot, — Gebot, acht, — Acht. Ihre Zahl ist sehr groß und läßt sich schwerlich auch nur annähernd berechnen, zu ihr gehören als Anhang auch die dingwörtlich gebrauchten Wörter aller Klassen. — Das richtige Setzen der Großbuchstaben ist Sache des Verstandes. — Um Gelegenheit zu geben, den Schüler n a c h dem elem. Lesecurfus diese Wörter unterscheiden zu lehren, bringt sie der I. und theilweise II. H.=Ab. m. Fib. paarweise nebeneinander in großer Anzahl. Der von mir gelieferte Dictirstoff bietet einige Gelegenheit, auf die Unterscheidung der Paare zu achten.

§ 2.

Die z w e i t e Hauptgruppe umfaßt circa 400 Wörter, welche mit ihren Declinations- und Conjugationsformen und Ableitungen ebenfalls ein respectables Heer ausmachen. Sie sind, geschieden nach gedehntem und geschärftem Vocale, in der Hauptsilbe, § 20 und 21 im III. H.=Ab. m. Fib., nebeneinander und übersichtlich geordnet aufgestellt.

Wie kann man diese Wörter, von denen oft mehr als zwei zusammengehören, mit den im einzelnen Falle richtigen Wortbilde schreiben? Die verschiedenen Wortbilder sich einzuprägen, dazu führt das Auge im

Lesen und Schreiben in bekannter Weise. Um die unterschiedliche Bedeutung der einzelnen unter den ähnlichen zu wissen, müssen sie entweder Jahre hindurch in vielen Sätzen wiederkehrend sich aufdrängen, oder es muß **Belehrung** stattfinden. Der erste Weg, der des blinden Zufalles, ist ein sehr langer, dessen schließlicher Erfolg nicht im Laufe der Schuljahre abzusehen ist und dessen Befolgung aller Orten im Aufsatze dem Lehrer viel Qual und dem Schüler manche bittre Stunde bereitet, — wenn man das Aufsatzschreiben nicht erst in dem letzten Schuljahre beginnen oder gar unterlassen will. Der zweite Weg ist der einer eingehenden Belehrung über den Inhalt der einzelnen zusammengehörigen Wortbilder, welche zu unterscheiden dem Kinde manchmal nicht leicht wird, (z. B. Mahl, Mal, Maal, mal', mahl', mal) nachdem das Einlesen und Einschreiben vorauf gegangen.

Ein dritter ist der einer Belehrung bei Gelegenheit der vorkommenden bettreffenden Fehler im Aufsatze. Doch giebt er auch eine Bürgschaft für alle 400 Wörter und ihre sichre Einprägung während der 8 Schuljahre, wenn man auch jedem Lehrer Gedächtniß, Lust, Zähigkeit zu ihrem Abthun und zu den nöthigen Repetitionen zuschreiben wollte? Sicher nicht! Und darf man denn bei dem Lehrer die nöthigen Voraussetzungen durchweg machen? Und wie wird es bei Schulen mit mehreren Classen? Wer traut sich zu, im Laufe der Jahre nichts zu vergessen? Wer möchte sich nicht gern an das Nöthige durch ein im täglichen Gebrauche stehendes Buch erinnern lassen, in diesem Falle wie überhaupt? Und wieviel Lehrer haben ein eigenes orthographisches Lehrbuch, besonders seitdem Niemand mehr nach einem solchen unterrichten mag? Wer hat nun aber daohne diese Wörter lückenlos bei der Hand? Obenein könnte ich noch beweisen, daß keins der betreffenden Bücher diese Wörtersammlung, wie gar manche andre, vollständig hat, von der Uebersichtlichkeit u. dgl. ganz abgesehen. Und genügt denn eine betreffende Sammlung im Handbuche des **Lehrers** oder in seinem Gedächtnisse? Woraus soll abgeschrieben werden? Soll sie dictirt werden? Die Wahl wird nicht schwer werden, glaube ich. Gelegenheit für den Schüler zum Einschreiben der fraglichen Wörter, wie zur Repetition in jedem Schuljahre des einzelnen Kindes, wie Gedächtnißstütze hinsichts des Stoffes und auch wegen des Darangehens u. s. w. bietet meine Fibel in diesem wie in jedem andern Falle.

§ 3. Rückblick.

Zum sichern Gebrauche des im III. Abschn. Besprochenen genügt das Auffassen mittels des Auges nicht; es handelt sich ja um Unterscheidung, eine Verstandessache. — Ein Buch in der Hand aller Schüler muß die Gelegenheit a. zur Erwägung der Wortbilder paarweise neben einander und b. zur Besprechung bieten. Wir hatten dazu bisher keins.

Einem ununterbrochenen Dictirschreiben von der ersten Schulwoche ab steht Seitens dieses Abschn. kein Hinderniß im Wege. Seine endliche vollständige Erledigung gehört an den Schluß des gesammten orthographischen Unterrichtes; fällt jedoch noch vor die des IV. Abschnitts meines Dictirstoffmagazins. Während die in §. 1 erwähnte Wörtergruppe keiner besondern Zeit und Behandlung bedarf und höchstens bei schwachen Schülern einmal eine besondre Beachtung nöthig machen wird, kann die §. 2 besprochene Wörtergruppe bereits im **zweiten** Schuljahre abgethan werden. Repetitionen in spätern Jahren dürfen auch hier nicht fehlen, und bietet dazu meine Fibel die schönste, weil billigste Gelegenheit nach Geld und Zeit, sobald sie sich als Lesebuch in des Kindes Hand befindet.

IV. Abschnitt.

Methoden des orthographischen Unterrichtes und die betreffenden Lehrbücher.

§ 1. Die Methoden.

Es ist kaum einige Decennien her, daß man die Aneignung der Orthographie im Dictiren in jeder Schulwoche bis zur Confirmation des Schülers hin nach vollendetem elementaren Lehrcursus anstrebte. Die Aufsätze boten daneben ebenfalls Gelegenheit, wie dringende Veranlassung, Orthographie zu lehren. Das Dictandoschreiben geschah entweder frisch darauf los ins Blaue hinein oder auf Grund eines Buches in der Hand des Lehrers; in beiden Fällen unter Verabreichung unendlich vieler Regeln, Ausnahmen und Unterausnahmen; das Corrigiren entweder durch den Lehrer oder durch die Schüler. Eines nähern Eingehens enthalte ich mich, ebenso eines Aburtheilens über das Vorlegen von absichtlich unrichtig Geschriebenem zur Correctur u. s. w. Wer diese Wege beurtheilt wissen will, der lese: „Der orthogr. Unterricht in seiner einf. Gestalt von Bormann." Man weiß jetzt, daß Regelkram nicht den Zweck erreicht, sondern Schülern und Lehrern die ganze Orthographie zum Ekel macht. Man weiß ferner, daß das erwähnte jahrelange Dictirschreiben, welches mehr oder weniger den Charakter des **examinirenden** trug, — nur den Vortheil bietet, das Kind anzutreiben, auf das Richtigschreiben Werth zu legen und die Wortbilder festzuhalten. Es hat ferner die Wahrheit, daß wir die Wortbilder mit dem Auge erfassen, immer mehr Raum gewonnen. Seitdem dies so ist, war von einem besondern orthographischen Unterrichte gar nicht mehr die Rede. Unberechenbar ist der

Segen, welcher sich über die Schulen ergoß, seitdem dies geschah. — Zu bemerken ist dabei, daß man den großen Vortheil des alten Verfahrens, das Kind zum Einprägen und Behalten der Wortbilder anzureizen, ganz ignorirte. Im bloßen Abschreiben aus der Fibel u. s. w. liegt dieser Sporn nicht; er wird auch nicht durch eine strenge Controle des Copirten ersetzt; nur im Dictirschreiben liegt er. Dies kann ein solches Wort für Wort oder ein selbstständiges Niederschreiben eines memorirten und vorher copirten Lesestückes sein. Letzteres Verfahren ähnelt in gewissem Sinne dem ehemaligen Dictiren eines beliebigen Stoffes. Es kommt sehr viel auf die Befähigung des Schülers dabei an, wie man im einzelnen Falle über Anwendbarkeit und Erfolg urtheilen soll. Ein stufenmäßiges Dictiren ist jedenfalls leichter und führt schneller und sicherer in den Besitz der Analogieen. Auch kann das bloße Copiren nie die die ganze Orthogr. abthun, da das im II. und III. Abschnitt Erwähnte nicht durchs Auge erlernt werden kann. Wäre das Schreiben im elementaren Leseunterrichte, wie wir es jetzt haben, ein solches genau abgestuftes und lückenlos fortgehendes bis zur Erledigung der Orthographie, so wäre der ganze fragliche Unterricht aus den spätern Schuljahren in die ersten verlegt, wohin er von Rechts wegen gehört um seiner ganzen Beschaffenheit und seiner Würde willen, nämlich der eines bloßen Mittels zum Zwecke und wäre somit diesem Letzteren, dem Niederschreiben der Gedanken in der Schulzeit (Aufsatz), ein großer Dienst geleistet. — Der bisherige Schreibleseunterricht ist das nicht! Der Schreibleseunterricht nach meiner Fibel ist ein solcher abgestufter, ununterbrochener orthographischer Lehrgang, der dictirend zu Werke geht, und die Fibel bietet Gelegenheit zur Anknüpfung der nöthigen Belehrungen und Uebungen, soweit diese im orthographischen Unterrichte Platz greifen müssen und die Orthographie nicht durchs Auge im Lesen und Schreiben eingelernt werden kann.

Da eine Fibel nur des Lesezweckes willen in aller Kinder Händen ist, was von keinem andern Buche so durchaus gilt, so ist bei Annahme der meinigen kostenlos ein orthographisches Handbuch eingeführt und zwar auch für Repetitionen, da die zeitweise nöthigen Exemplare jederzeit und allerwärts leicht leihweise von den jüngern Schülern zu bekommen sind.

Meine Fibel ist aber ein vollständiges, seinen Gegenstand erschöpfendes Lehrbuch, sobald der Lehrer neben ihr nicht die Anschaffung eines Exemplars meines „Dictirstoffmagazins" scheut. Diese Behauptung über Vollständigkeit ist auffällig, wenn man an die umfangreichen orthographischen Lehrbücher denkt [*]); ich unterstelle sie aber getrost der strengsten Prüfung competenter Richter.

§ 2. Die Lehrbücher der Orthographie.

Die Lehrbücher der Orthographie zerfallen in zwei Arten. Die eine

---

[*]) Wanders „deutsche Rechtschreibung" hat über 350 Seiten.

führt nur die Regeln unsrer Rechtschreibung auf, und sie erscheinen meist in Sprachlehren als ein Theil. — Die andre Art lehrt an Beispielen, — Wörter- und Satzsammlungen nach den Regeln geordnet, — durch Dictirschreiben. Der Cursus ist ein vieljähriger bis zum letzten Schuljahre hin; der Regeln, Ausnahmen und Unterausnahmen ins zweite und dritte Glied sind Hunderte, wie der Uebungsparagraphen. —

Daß man an der Hand bloßer Regeln nicht richtig schreiben lerne, wird jetzt wohl allgemein als wahr anerkannt, zudem sind die vorhandenen weder durchweg richtig, noch Alles regelnd, noch nach Zahl und Ueber- und Unterordnung behaltbar, — mithin selbst als Correctiv nicht gut. Den Beweis muß ich mir ersparen. Eine Prüfung der betreffenden Bücher wird nach Anleitung meiner vorliegenden Schrift jedem Sachverständigen denselben liefern. Herr Provinzialschulrath Bormann sagt in der Broschüre: „Der orthographische Unterricht in seiner einfachsten Gestalt" über die vielen *) Regeln: „Das lehre, wer es kann und mag; ich kann und mag es nicht können!" — Einige Regeln sind ebenda kritisirt. Eine eingehendere Beleuchtung zeigt Widersprüche und Lücken an vielen Stellen. — Unsre orthographischen Regeln verlangen eine meist umfassende Kenntniß der deutschen Grammatik. Sie gehen, was besonders herauszugreifen ist, auf Abstammung zurück. Damit hat das Erlernen der Rechtschreibung zu seiner Voraussetzung etwas sehr Schweres, nicht beim Schüler der Volksschule Zutreffendes, Erreichbares. So wird der Diener des Aufsatzes, der bei des Letztern Auftreten abgethan sein sollte, selber zum Zwecke, dessen Erreichung sich neben den Stylübungen zur Qual des Schülers und Lehrers und zur fortwährenden Beeinträchtigung und Verunstaltung der Aufsätze bis an den Schluß der Schulzeit hinschleppt. Noch anders müßte man urtheilen, wenn wir factisch nicht anders, als durch Regeln und dickleibige Lehrgänge die Orthographie einem großen Theile nach erlernten.

Unter Beseitigung des Getadelten, der Widersprüche, der Ausnahmen in mehrfacher Unterordnung stelle ich 9 Hauptregeln auf und fasse in nur 13 Ausnahmen, Letztere in vollen Wörtersammlungen aufgestellt, alle Uebrigbleibende zusammen. Daß vom Memoriren keine Rede sei, ist bereits gesagt. Ich biete nur eine erleichterte Auffassung durch's Auge, soweit das geht; strebe eine Schärfung des Gehöres an und will stufenmäßig mit dem Verstande erfassen lassen, was damit erfaßt werden muß. Hier sind meine Regeln, passend für das kleine Kind, wenn es nach meiner Methode lesen lernte.

§ 3. **Regeln der deutschen Orthographie.**
A. Allgemeine.

1. **Regel:** Den letzten Laut im Worte hörst du selten deutlich;

---

*) Oefters regelt eine Regel nur ein Wort oder einige. So wird z. B. der

bist du zweifelhaft, so verlängere das Wort. (Bevor das Kind das kann, heißt es: „Besinne dich, wie du es in deinem Buche geschrieben sahest".)

2. Reg.: Am Ende des Wortes und der Silbe (nach Sprachsilben abgetheilt) schreibe s anstatt f, ß anstatt ss.

B. Besondre für die Hauptsilbe.

1. Reg.: Für gewöhnlich schreibe in den Hauptsilben die ersten Zeichen für die Laute, welche du hörst. (Diese normalen Buchstaben sind A, a, E, e, O, o, U, u; Ä, ä, Ö, ö, Ü, ü, J, je, Au, au, Eu, eu, Ei, ei, — A, a, E, e, O, o, U, u, Ö, ö, Ü, ü, J, i, — B, b, D, d, F, f, ch, J, j, G, g, H, h, K, k, L, l, M, m, N, n, P, p, R, r, S, f (s), T, t, W, w, Sch, sch, ß, Z, z *).

1. Ausnahme: Hörst du im Anlaute scht, so schreibe st, hörst du schp, so schreibe sp (provinziell).

2. Ausnahme: Schreibe für lang a, e, o, u, ä, ö, ü das zweite Zeichen ah, eh, oh, uh, äh, öh, üh, sobald darauf ein r, l, m, n folgt, bei einfachem Anlaute und eben solchem Auslaute und auch in den Wörtern Fahrt, Fährte, gefährden, — Gefährde, ahnden. Ausnahme von d. Ausnahme: In folgenden Wörtern steht jedoch das erste Zeichen: „Er" ꝛc. Siehe m. Fib. III. H.=Ab. § 7.

3. Ausn.: In folgenden steht für lang a, e, o das dritte Zeichen: „der Aar" u. s. w. III. H.=Ab. § 5 a.

4. Ausn.: In folgenden Wörtern steht das dritte Zeichen für lang i in der Hauptsilbe: „mir" ꝛc. Siehe m. Fib. III. H.=Ab. § 9. Merke dir die sonderbare Schreibweise folg. Wortes: „befiehlst" III. H.=Ab. § 13.

5. Ausn.: In den Wörtern ihr, ihm, ihn, ihnen mit allen Declinationsformen und Zusammensetzungen steht das dritte Zeichen für lang i (ih).

6. Ausn.: In folgenden Wörtern schreibe anstatt ä das erste, zweite oder dritte e (e, eh, ee): „Rebe" u. s. w. III. H.=Ab. § 6.

7. Ausn.: Schreibe das zweite Zeichen (ai) für ei in folgenden und allen davon durch Ableitungssilben herkommenden und damit zusammengesetzten Wörtern: „die Bai" ꝛc. Siehe m. Fib. III. H.=Ab. § 3 a.

8. Ausn.: Schreibe das zweite Zeichen (äu) für eu in der Mehrheit solcher Substantiven, welche in der Einheit au haben, solcher Con-

---

Mangel des „h" in dem Worte verlor durch eine solche bestimmt. Eine andere regelt das einzige Wort kam.

*) Diese Regel ist für den Anfang des Unterrichts neben elem. Lesen. Sie hat keinen Sinn, wenn man dem Kinde alle Buchstaben vorweg giebt. Auf meine Weise lesen zu lehren, gewöhnt man das Kind an den Gebrauch der normalen Zeichen.

jugationsformen, welche in der ersten Person derselben Zeitform au haben, in allen Wörtern, welche durch Ableitungsendungen von Wörtern mit au herkommen. (Siehe m. Fib. III. H.=Ab. § 4 und folgenden 8: „Räube" u. s. w. Siehe ebendas.)

9. Ausn.: Schreibe das zweite Zeichen (th) für t in folg. Wörtern und allen davon durch Ableitungssilben herkommenden und damit zusammengesetzten Wörtern: „Thee" u. s. w. (III. H.=Ab. § 2a.)

10. Ausn.: Schreibe das zweite Zeichen (v) für f in folgenden Wörtern und allen davon durch Ableitungssilben herstammend und damit zusammengesetzt: „Vich" u. s. w. (III. H.=Ab. § 1a.b.)

11. Ausn.: Schreibe für das kurze e den Buchstaben ä in der Mehrheit solcher Substantiven, welche in der Einheit a haben, solcher Conjugationsformen, welche in der ersten Person derselben Zeitform a haben, dem Comparativ und Superlativ solcher Eigenschaftswörter, deren Positiv a hat in allen Wörtern, welche durch Ableitungsendungen von solchen mit a herkommen und endlich in folgenden: „Plärren" u. s. w. Siehe III. H.=Ab. § 15d. 1.

Merke dir die sonderbare Schreibweise der Wörter: „Glatz" u. s. w. (III. H.=Ab. § 10e.)

2. Reg.: Nach einem kurzen Selbstlaute in der Hauptsilbe (nach Sprachsilben abgetheilt) schreibe das Doppelzeichen des folgenden Mitlautes, sobald nur ein einziger vorhanden ist (die durch Beugung angetretenen Mitlaute t und st, wie bei Contraction in Substantiven das s und n zählen so wenig mit, wie der Anfangsconsonant der Ableitungsnachsilben*).

Bemerk. ch und sch haben kein Doppelzeichen.
Ausn.: „Schmied" ꝛc. III. Ab. § 12.

C. Besondre für die Nebensilben.

1. Reg.: Für gewöhnlich schreibe in den Nebensilben die ersten Zeichen für die Laute, welche du hörst.

Ausn.: Für lang=i steht in der Nebensilbe das dritte Zeichen für i (i), welches in Haupt= und Nebensilben stets für kurz=i auch gesetzt wird.

2. Reg.: Während in den Nebensilben sonst niemals das Doppelzeichen nach dem kurzen Selbstlaute steht, ist dies doch der Fall in miß und niß und in der Mehrheit von Wörtern mit der Ableitungssilbe „in".

NB. Eigennamen und Fremdwörter werden durch diese Regeln nicht geregelt. Da heißt es: Merke dir das Wortbild! — Bei Fremdwörtern ist in Bezug auf ah u. s. w. die Regel eine Aufhebung der 2. Ausnahme bei der 1. Regel: In Fremdwörtern steht stets in Haupt= und Nebensilben das erste Zeichen. — In Bezug auf ie lautet sie: In Fremdwörtern steht in Haupt=

---

*) Nur sehr schwachen Schülern hat man einmal zu sagen nöthig, daß nach au, eu (äu), ei (ai) nie das Doppelzeichen des Consonanten steht.

und Nebenſilben das dritte Zeichen, außer wenn die letzte Silbe den Ton hat, wo dann ie zu ſchreiben iſt. — Dieſe Schreibweiſe prägt dem Schüler ſchon der Leſeunterricht ein. An der Hand der Analogieen erachtet er jede betonte als Hauptſilbe. Was ſchadet das?*)

Regeln über v, ph, th, y, ti u. ſ. w. würden helfen, wenn der Schüler die Fremdwörter als ſolche und mit Unterſcheidung der einzelnen Sprachen kennte.

D. Regeln über den Gebrauch der Zier-(Groß-)buchſtaben.

1. Reg.: Jedes Subſtantiv und jedes als ſolches gebrauchte andre Wort ſchreibe vorn mit einem Großbuchſtaben.

2. Reg.: Bezeichne den erſten Laut des erſten Wortes in jedem Satze mit einem Großbuchſtaben. (Ein Satz fängt an a. wenn man anfängt zu ſchreiben, b. nach dem Punkte, c. nach dem Kolon mit An= führungszeichen, d. oft auch nach einem Frage=, e. oft auch nach einem Ausrufezeichen.)

3. Reg.: Mit einem Großbuchſtaben bezeichne den erſten Laut in allen anredenden Fürwörtern und den Titeln in Briefen.

4. Reg.: Mit einem Großbuchſtaben bezeichne den erſten Laut jedes erſten Wortes in jedem Verſe (Strophe) eines Gedichtes, ſobald man mit jedem Verſe (Strophe) eine neue Zeile anfängt.

Schlußbemerk. Wie jede Regel und Ausnahme, meiſt in Theile zerlegt, praktiſch im Dictirſchreiben eingeübt wird, das zeigt meine Fibel und das Dictirſtoffmagazin!

---

*) Ich laſſe ihn demgemäß ruhig z. B. in „Kartoffel" die Silbe „tof" als Hauptſilbe bezeichnen. So regelt man auch ſehr viele Fremdwörter und Namen mit!

Dritte Abtheilung.

§ 1. Die Denk- und Sprechübungen.

Von Schullehrern und Aufsichtsbehörden ist in neuerer Zeit gegen ein Lehrobject Front gemacht worden, das sich manches Jahr in den untern Klassen der Volksschule sehr breit thun durfte. Ich habe nur wenige Worte über die „Denk- und Sprechübungen" nöthig, nachdem sie durch die „preuß. Regulative" vom Lectionsplane gestrichen worden sind. — Zum „Denken" soll jede Disciplin in jeder Schule zu aller Zeit anreizen. Der Stoff wird überall durch den Gegenstand bestimmt. Die sogenannten Denkübungen haben nur Sinn und Berechtigung, wenn darin die Anfänge der einzelnen Lehrobjecte (vorzugsweise der Realien) dem kleinen Schüler vorgeführt werden. Nur elementare Einführung in die Realien, Orientirung des Kindes in der es umgebenden Welt darf sein Zweck, die leichteste — hier aphoristische — Behandlungsweise, natürlich in Frage und Antwort, muß Rahmen und Lehrform sein. Die aphoristische Behandlung wird durch die Natur des jungen Anfängers geboten. Das in der Volksschule sein zu sollen, was in andern Anstalten der Unterricht in Logik ist oder sein will, muß eine Berirrung genannt werden. Nur der Inhalt eines Lehrgegenstandes giebt ihm für die Volksschule Berechtigung (— mit Ausnahme des elem. Lese- und orth. Unterrichts, da es sich in ihnen um die Form handelt und mit Ausnahme der Fertigkeiten im Schreiben und Zeichnen). — Besondrer Stunden für solche „Denkübungen" in den ersten Schuljahren des Kindes bedarf man nicht. Da die Schule den im elterlichen Hause begonnenen, auf dem Lande namentlich herzlich dürftigen und schlechten Unterricht in der hörbaren Sprache, sogleich fortsetzend kräftigst in Angriff zu nehmen hat, um das Mittheilungsmittel alles Wissens und aller Bildung zu übermitteln und dies am allernatürlichsten und sichersten in Anknüpfung an den Unterricht in der Schriftsprache geschieht: so dürfte es außer Frage sein, daß die sogenannten „Denkübungen" mit ihrem unlängst bezeichneten Stoffe den einzig möglichen Inhalt des Unterrichtes in der hörbaren Sprache bilden können, und daß die „Denkübungen" mit letzterem Unterrichte, also auch ferner mit dem in der Schriftsprache zusammenfallen müssen. Auf den Unterricht in der hörbaren Sprache weist auch schon der andre Name der „Denkübungen", der Name „Sprechübungen" hin, wie auf seinen Inhalt der Name „Anschauungsunterricht".

Die Sätze meiner Fibel vereinigt mit denen des Dictirstoffmagazins wollen nach ihrem Inhalte den Stoff der „Denkübungen" ersetzen. Weil an ihnen gleichzeitig Lesen und Orthographie gelehrt wird, so ist die fragliche natürliche Vereinigung an ihnen vollzogen. — Sacherklärung.

§ 2. Der erste Schulunterricht in der hörbaren Sprache.

Wie schon im vorigen § erwähnt wurde, knüpft sich ein großer Theil des Unterrichts in der hörbaren Sprache, nämlich der eigentliche, absichtliche und zu controlirende, am natürlichsten an den in der Schriftsprache, welche an dem Lesebuche ertheilt wird. (Siehe die Einleitung vorliegenden Buches § 1 und 2.) Ueber die Nothwendigkeit dieser Anknüpfung sind die Schulmänner jetzt einig. — Daraus folgt für den ersten Unterricht, welchen die Schule in der hörbaren Sprache zu ertheilen hat, die Anknüpfung an das erste Lesebuch in der Hand der Kinder, an die Fibel.

Worterklärung im Bereiche ihrer zusammenhanglosen Wörter und kleinen Sätze wird solcher erster Sprachunterricht sein. Die fraglichen Sätze aber müssen die Wörter zumeist in der eigentlichen, nicht in figürlicher Bedeutung bieten, wie auch, weil nach Inhalt aus dem Anschauungskreise des jungen Anfängers genommen, den Sinn nahe bringen.

Ich meine, einen ersten Sprachunterricht an losen Wörtern und Sätzen dem an Geschichtchen vorziehen zu müssen. Das sofortige Einprägen ganzer Phrasen an Letzteren bildet zu leicht Schwätzer, und zu groß ist die Gefahr für den Lehrer, bei den Geschichten und andern zusammenhängenden Lesestücken, über der Sach= die Worterklärung zu vergessen, wie er auch nie und nimmer dabei sicher ist, welches Wort sein Schüler nicht verstehe. Wie leicht täuschen sich Lehrer und Kind darüber! Geht uns Erwachsenen nicht oft erst im Alter die Bedeutung eines Wortes recht und voll auf?

Ich halte gerade die Fibel in ihrem elementaren Theile für die geeignete Stelle, an recht vielen zusammenhanglosen Wörtern und leichtverständlichen Sätzen Gelegenheit zur Worterklärung zu bieten und jene Zeit des Schülers für die geeignetste, sie vorwiegend zu empfangen. Um so mehr und ungestörter wird das Kind später Sacherklärung empfangen können. Daß ich nicht an Definitionen denke, brauche ich wohl kaum zu sagen. Meine Fibel will nebst Dictirstoffmagazin das geeignete Material sein zum elementaren Unterrichte in der hörbaren Sprache, wie das Schullesebuch es für den höheren sein soll.

§ 3. Grammatische Kenntnisse.

Die schnelle und gründliche Erklärung der Orthographie fordert folgende grammat. Kenntnisse: Was ist ein Laut, Selbst=, Mitlaut, Buchstabe, eine Silbe, die Haupt=, Neben=, Ableitungssilbe, der An=, In=, Auslaut, ein Wort, ein einfaches, zusammengesetztes, ein (als Sproßform) abgeleitetes. Das Decliniren von einem Dutzend Wörter muß allgemeine Kenntniß über diese Veränderung der Substantiven geben, es ermöglicht den Hinweis auf die „Verlängerung" des Wortes, um den zweifelhaften Endconsonanten zu erkennen. Ebenso wird die Com=

paration von einem Dutzend Adjectiven aus demselben Grunde gefordert. Der Lesezweck erheischt Beides ebenfalls. Das Conjugiren von einem Dutzend Wörter lehrt die Conjugationsendungen kennen, den Infinitiv suchen. Während die Kenntniß der Ersteren für Lesen und Orthographie nothwendig ist, wird Letzteres unentbehrlich für das sichere richtige Schreiben. Die Beispiele zum Decliniren, Steigern und Conjugiren sind, um einen andern Zweck mitzuerreichen, so zu wählen, daß dabei aus au äu, aus a ä wird. Das Conjugiren braucht sich nur über die 6 Zeitformen des Indicativ, das Imperfectum Conjunctivi, den Imperativ, das Participium und den Infinitiv Präsentis im Activ zu erstrecken. Meine Fibel bietet zu Allem die Gelegenheit. (Siehe III. H.=Abschn. § 4, 14, 15.)

Es ist ferner nöthig: Das Herauskennen der drei Arten Begriffswörter (Substantiv, Verbum, Adjectiv). — Die Kinder bilden aus gegebenen Wörtern mit au und geschärftem ä Ableitungen mit chen und lein.

Daß es bei diesen Kenntnissen nie auf Definitionen abgesehen ist, braucht wohl nicht gesagt zu werden; ebensowenig, daß dieselben überall nach Bedürfniß an den Lese= und orthogr. Unterricht anzuknüpfen sind. Etwanigen Mißverständnissen in diesen Beziehungen dürften die Bemerkungen in meinem Dictirstoffmagazin vorbeugen.

Wie meine Fibel auch zum Aneignen dieser Kenntnisse überall die Hand bietet, wird dem aufmerksamen Auge nicht entgehen und noch weniger dem Lehrer in der Praxis. Er wird noch mehr finden, als ich fordre und hier nachweise.

§ 4. Das praktische Lehrverfahren.

1. Für jeden meiner Leser, welcher dieses Buch aufmerksam las, und im Zusammenhange auffaßte, dürfte eine besondere Beleuchtung meines Lehrverfahrens unnöthig sein. Wer mich recht verstand, der sah, daß meine Behandlung des Leseunterrichtes Lautmethode in der Weise ist, wie die Schreiblesemethode sie sein will. Inwieweit ich abweiche, — bereits von der Behandlung der Laute und Buchstaben an, — lehrt dieses Buch. Meine Aufgabe war, — auf den Lesezweck gesehen, — nicht eine absolut neue Methode, sondern Sichtung des Stoffes, und so könnte ich sagen: Meine Fibel ist meine Methode! — Sie ist so eingerichtet, daß man nach ihr mit den Schreib= oder den Druckbuchstaben beginnen oder beide Arten vom Anfange ab vereint lehren kann. Ich halte das Letzte in jeder Schule unbedingt für das Gerathenste!

2. Rein auf die Orthographie gesehen, will meine Fibel ein Lernbuch sein, das seinen Zweck ganz erreicht. Während alles Andre seines Ortes genau besprochen ist, oder sich aus den Bemerkungen über den einzelnen §§ im Dictirstoffmagazine ergiebt, dürfte hier noch nachträglich zu bemerken sein: Jedes Kind muß zu jedem Schultage als häusliche Arbeit eine Schiefertafelseite voll aus der Fibel abschreiben vom Anfange ab und zwar stets da, wo es im Lesen steht. Nach absol-

virtem elem. Lehrcursus wechselt das oft wiederholte Abschreiben aus dem III. H.=Ab. der Fibel mit dem von Geschichten u. dgl. Tag um Tag ab. Es wird von den Verhältnissen der einzelnen Schule bedingt, ob auch Aufgaben, als das Suchen des Infinitiv u. dgl. zu Hause bearbeitet werden können oder ob dies nur in der Schule geschehen solle.

3. Wie viel Zeit wöchentlich auf das Dictiren zu verwenden sei, das muß auf jeder Stufe der Einsicht des Lehrers überlassen bleiben. — Das Dictirschreiben im ersten Schuljahre darf niemals die Fortschritte im Lesen aufhalten. Im ersten Schuljahre spreche ich jedes Wort in den Sätzen einzeln vor und lasse es meist im Chore zerlegen. So fällt die Nöthigung, sich der Buchstabennamen zu bedienen, fort. Ob das einzelne Kind mitarbeite, sieht der Lehrer am Munde und an dem Schreiben des Kindes. Sobald ein Satz beendet ist, wird derselbe vom Lehrer an die Schultafel geschrieben, und die Kinder corrigiren die Fehler, welche sie etwa in Unachtsamkeit machten. Ist das Dictat einer Stunde, etwa 6—12 Sätze, beendet, so wird es sofort nochmals auf die Tafel geschrieben. Vom zweiten Schuljahre ab lasse ich es statt dessen in ein Heft eintragen, das stets sofort zur Correctur abgegeben wird.

4. Wenn der einzelne Satz von mir an die Schultafel angeschrieben worden ist, folgt die kurze Wort= und Sacherklärung in Frage und Antwort.

5. Um Zeit zu ersparen, wird das in der einzelnen Stunde bereits zerlegte Wort, wenn es wiederkehrt, nicht mehr zerlegt. — Auf höherer Stufe läßt man nur das aus dem letzten § der Fibel im Satze auftretende Wort zerlegen. —

Vom zweiten Schuljahre ab giebt der Lehrer manchmal auch einen ganzen Satz mit einem Male zum Aufschreiben hin, ohne daß die Wörter vorher zerlegt werden.

6. Es ist auf das Lebhafteste zu empfehlen, vom zweiten Schul=jahre ab, die Kinder öfters eine durch vieles Lesen memorirte kleine Ge=schichte aus dem Kopfe niederschreiben zu lassen. Die nach orthogr. Schwierigkeiten geordneten Fabeln ꝛc. in meiner Fibel vom I. H.=Absch. ab dürften sich dazu der Reihe nach zunächst eignen.

§ 5. Der kalligraphische Unterricht.

Ein Dictirschreiben von den ersten Schulwochen des Anfängers ab fort und fort giebt ihm, — wenn der Lehrer dabei nicht zur Eile drängt und daneben stets beim Einschreiben der Dictate, wie beim täglichen Ab=schreiben aus der Fibel strengstens auf schönes Schreiben hält, — un=merklich Geläufigkeit bei schöner Buchstabenform. Nach mei=nen Erfahrungen kann ich daher besonderen kalligraphischen Stunden nicht das Wort reden. Allerhöchstens dürfte in spätern Jahren wöchent=lich eine einzige der Art gestattet sein.

Verbesserungen.

Seite 3 Zeile 11 von unten lies „Lehrobjecte" statt „Lehrobject"
„ 9 „ 12 „ „ „ „Satzglieder" statt „Satzbilder"
„ 27 „ 14 „ „ „ „Unbekanntem" statt „Unbekannten"
„ 29 „ 14 „ oben streiche „nur"
„ 31 „ 5 „ „ lies „seinem" statt „seinen"
„ 32 „ 6 „ „ schalte ein nach: Wort „herauskomme"
„ 40 „ 4 „ „ lies „elementare" statt „relative"
„ 46 „ 1 der Anmerkung lies „wie ja auch" statt „weil"
„ 51 „ 10 von oben lies „zwiefachen" statt „zwiefach"
„ 56 „ 23 „ „ lies „als Ausnahme" statt „mit"
„ 61 „ 10 nach dem Notensysteme lies „geschärftem" statt „geschwächtem"
„ 62 „ 3 von unten lies „Uhnvehrhobst" statt „Unvehrhofft"
„ 62 ebenda lies „ohst" statt „offt"
„ 62 Zeile 2 von unten lies „mahnchehr" statt „mahnchehn"
„ 62 „ 1 der II. Anmerkung lies „mich dies" statt „mit"
„ 93 „ 6 von unten lies „diese" statt „sie"
„ 99 „ 10 „ „ lies „Rennen" statt „Kennen"
„ 103 „ 19 „ oben setze nach „abgestufte" ein Fragezeichen statt des Punktes
„ 103 „ 23 „ „ lies „muß" statt „mußte"
„ 104 „ 14 „ unten setze nach „kommen" ein Fragezeichen statt des Punktes
„ 106 „ 7 „ oben lies „vornimmt" statt „vernimmt"
„ 111 „ 12 „ unten lies „mindestens" statt „mindesten"
„ 112 „ 13 „ „ „Ausnahmen" statt „Ausnahme"
„ 112 „ 7 „ „ streiche „wechselnde".

www.ingramcontent.com/pod-product-compliance
Lightning Source LLC
Chambersburg PA
CBHW022132160426
43197CB00009B/1244